本书由中央高校基本科研业务费专项资金
（项目资助编号：HIT.HSS.2009011）资助出版

青年学术丛书·文化

YOUTH ACADEMIC SERIES-CULTURE

# 意象转换视域下的中国古典诗词俄译研究

童 丹 著

人民出版社

# 目　录

# 序

译诗难，汉诗俄译（这里也泛指汉诗外译）更难。

传统的古典诗词，尤其是唐诗宋词是我国文学史上璀璨的明珠。这些美轮美奂的文学极品即使称为国粹、国宝也不为过。惜乎！这些精美绝伦的艺术瑰宝未能经过与其大致匹配的译文介绍给世界各国的读者，对世界文坛产生应有的影响。

余陋见寡闻。据我所知，近代国际上有两位因汲取唐诗滋养而成事者。其一是美国诗人庞德（Ezra Pound）。他曾出版过英译的中文诗歌集《中国》，对中国文化兴趣颇浓。他在诗歌创作上另辟蹊径，创立了意象派，开西方现代派诗歌之先河，这应该说与唐诗宋词这样的传统古典诗歌和中国文化不无关系。其二是奥地利作曲家马勒（Gustav Mahler）。他精心挑选了七首唐诗于1908年谱写了自己的巅峰之作《大地之歌》。在这部近似交响曲的力作中，男高音和女低音时而激昂、时而抒情、时而哀婉、时而悲凉地吟唱着这几首唐诗。这些唱词与乐曲的主题交相辉映，水乳交融。听众们在欣赏这部作品扣人心弦的旋律时也领略了唐诗的奥妙。《大地之歌》如今是世界各大交响乐团久演不衰的经典。

这两位著名的洋人在我国的唐诗宋词中找到了灵感，在各自的领域里闯出了一片新天地。然而他们两位都不谙汉语。他们选用的唐诗宋词的译作仅是不太像样的二等货。这里且不论庞德，仅以马勒为例。马勒这部巨作的音乐及其抒发的感情早在这部作品首演的那一天已为乐界所肯定。此地要讨论的是他所选用的唐诗译本，即从翻译的角度探讨作品的唱词。

《大地之歌》共六个乐章，选用了七首唐诗的译作。这些唐诗均取自汉斯·贝特格（Hans Bethge）参照英、德、法的译诗编纂的诗集《中国之笛》。作曲家仅按音乐之需对译诗略作修改，稍加补充。耐人寻味的是，这七首译诗里的五首，因译者注明作者的姓名，且有标题，翻译时也还算规矩，所以经过专家的一番努力，找到了译作的原著，对上了号，入了座。剩下两首就颇费周折了。第二乐章的译诗名为《寒秋孤影》，诗人的译名为《Tschang Tsi》。这究竟是唐代哪位诗人呢？是张籍，张继，还是钱起？诗人到底是哪一位都不清楚，《寒秋孤影》译自哪首唐诗当然也无从得知。后在众多专家的通力合作之下，终于达到共识；此乃钱起也，诗译自他的《效古秋夜长》。又一个难关攻克了。这一唱词终于得以"复姓归宗"。接下来是最后一道题，也是最难的一道题，这就是此曲的第三乐章。标题名为《青春》，诗作者是李白。专家们查遍了《李太白全集》也没有找到类似内容的诗篇。于是有学者认为，它译自《宴陶家亭序》。又有专家指出，此乃《夏日陪司马武公与群贤宴姑孰亭序》的译作，等等。更有甚者，断定此是译者（戈谢）的伪托。众说纷纭，莫衷一是，至今仍为悬案。这首诗像断了线的风筝，回不了老家。为破解这七首诗歌的翻译情况，我国还举办了专题研讨会，与会者都畅所欲言，会后论文结集出版（详见《光明日报》2001 年 1 月 10 日）。这区区七首译诗，而且都注明诗人的姓名，如今要认定原作者和原诗，竟然要兴师动众，集数十位专家、学者，经缜密的考证、充分的研讨，仍留下七分之一的遗憾。谁之过？译者也。当然这也是当时的译风使然。

此等的译作尚且能激发马勒创作出《大地之歌》这样的传世之作。倘若我们能推出唐诗宋词的优秀译本，这又将如何呢？

可见，译出与唐诗宋词基本上旗鼓相当的译著，是摆在翻译工作者面前的重大任务。

如何完成这一艰巨的任务呢？既需要在实践中探索，又需要在理论上探讨，回顾一下汉诗俄译的历史，我们看到在俄罗斯已有一些翻译家、汉学者、诗人在实践方面有所作为，译作水准良莠不齐，未成气候；在汉诗俄译的理论研究上也有所建树，不过这类研究基本上都在语文学的层面，而我们的俄语界和译坛，无论是从理论上面还是从实践方面都很少有人问津。

这次童丹博士撰写的《意象转换视域下的中国古典诗词俄译研究》是一本专题研究汉诗俄译理论的专著。书中她自出机杼，在理论上探讨了汉诗俄译的心理学基础。她阅读了大量古典诗词的俄译本，通过对比分析得出结论：意象是诗歌创作的关键，同样也是译诗成功与否的症结，因此意象的转换是译诗的锁钥。她指出意象的本质从心理学的角度来看是诗人心理世界的符号化投射，而意象的转换是译者与诗人心灵的互动。她的论点在格式塔心理学中找到了理论依据。

童丹博士在书中还援引了大量的古典诗词的俄译本，并通过一首诗多种译例的对比和鉴别证明了这一观点不仅在理论上是站得住脚的，而且具有操作性。由此可见，这本专著填补了这个领域的空白。

关于诗歌创作的心理基础，我国古代就有类似的说法。《尚书·舜典》中有“诗言志”之说。《礼记·乐论》曰“诗，言其志也，……三者本于心……”。可见，吟诗填词都是有感而发，不能“为赋新词强说愁”。既然诗歌是诗人感情抒发的结晶，那么译诗仅停留在词语、修辞、韵律等形式层面是不够的。诗人是有感而发，译者理应通过原诗的形式解读诗人所抒之情，然后选用译语中合适的形式，感诗人之感，抒诗人之情，言诗人之志。这用非学术性的、诗歌的语言来表达，就是“心有灵犀一点通”。就这一意义上来说，译者最好是诗人，其情趣与诗人的禀赋相近。译者和诗人若能同声相应，同气相求，那么译诗也应是诗人之志通过译者用外语来表达和抒发的佳作。

唯有如此，才能有好的译本出现。这种现象在俄罗斯的译坛也不乏先例。试以“白银时代”的诗人为例。著名诗人勃洛克（А. Блок）只挑选那些与他意趣相投的作品来翻译，而且一以贯之，始终不变。其他几位诗人也只有在创作个性与所译诗人的创作契合时，才能译出好诗。

值得一提的是诗人巴尔蒙特（К. Бальмонт）。他译作颇丰，涉及语种也多，不管哪一类诗人，哪一类风格他都译，但他的译作频遭译界和读者的诟病，译界普遍认为巴尔蒙特以自己不变的译风，翻译不同风格类型的作品，结果“千人一面”，即都是“巴尔蒙特的面孔”。只有一个例外，他翻译爱伦·坡（Allan Poe）时，得心应手，佳译颇丰。何故，巴尔蒙特与爱伦·坡情趣相通也。

以上所述足以证明童丹博士的观点是有理论根据的，也是可行的。

童丹博士为汉诗外译提供了一个新的视角，这种积极的理论探索对这项工作颇有裨益。

但愿我国的唐诗宋词经中外翻译家、汉学家、诗人的共同努力能在世界各地开出鲜艳的花朵，让世人共赏之、共享之。

吴克礼

2011 年 5 月于上海

# 绪　论

记得美国诗人爱伦·坡（Allan Poe，1809－1849）说过，诗是美的节奏的创造。的确，诗歌是文学中的文学，是表现美的艺术，优美的诗歌就像诗人内心奏出的音乐，沉浸其中，我们的心灵也仿佛找到了栖息的家园，性情得到陶冶，人格得到提升。我们论述的话题就从诗开始。

## （一）

中国由于几千年不曾间断的文化传承，早已成为一个名副其实的诗歌大国。从《诗经》、楚辞、乐府到唐诗、宋词、元曲，直到现代新诗，中华民族创造了丰富多彩、鲜活生动、雅俗共赏的诗歌形式，我们的古人更是几乎达到了“不学诗，无以言”的程度。那么，中国人引以为豪、视做珍宝的古典诗词能否也同样让外国人痴迷呢？答案是肯定的。20 世纪五六十年代在美国青年大学生中掀起的“寒山热”，以及英美意象派诗人对音韵铿锵、字字珠玑的唐诗的蜂拥传译，都很好地证明了这一点。但是外国人能否从这些诗词中获得与我们一样的感悟？答案是否定的。因为各人的情趣意志、经验阅历均不同，欣赏水平、领悟能力也参差不齐，即使文化同源的读者面对同一诗歌所获得的感受也是千差万别的，何况不同宗不同族的异域人士呢？正如“横看成岭侧成峰”，他们痴迷于中国诗歌，是因为从某一角度看到了他们想看到的东西，或者说诗中某一细小的“点”触动了他们。也许有人和我们一样，读诗到兴起会心潮澎湃，会感极而泣，会夜不能寐，但那个触动神经的“点”断不是同一个；所以，我们不必试图探寻他们读中国诗词时的心理轨迹，我们应留意的是他们能否认识到中国诗歌独特的魅力，能否得到美的享受，或者哪怕捕捉到一点点美的涟漪？这就涉及翻译的问题。

翻译可谓是一种跨语言、跨文化、跨时间、跨空间的人类最为复杂的活动，也是人类文化交流中最悠久的活动之一。诗歌的翻译尤其复杂，可以说，诗歌翻译是难度最高的翻译，是翻译文学的极致。古往今来，曾有无数专家学者以及从事实践工作的译者对这一问题进行了研究和探索。意大利的伟大诗人但丁（Dante，1265－1321）曾对《圣经·诗篇》的拉丁语译文进行了认真的研究，发现原文中有许多诗的特征在译文中走失了，从而得出文学作品不可译论。他说："任何富于音乐、和谐感的作品都不可能译成另一种语言而不破坏其全部优美的和谐感。"①

俄国著名语言学家波捷布尼亚（А. А. Потебня，1835－1891）曾站在心理学的立场上指出，原来用某一种语言表达出来的东西，再要用另一种语言表达出来是不可能的。本身有很多优秀译作的俄国诗人布留索夫（В. Я. Брюсов，1873－1924）对于诗歌翻译的可能性也表现出相当程度的困惑。他认为，把诗人的创作从一种语言译成另一种语言是不可能的，但要放弃这一理想也是不可能的。德国卓越的文学家歌德（Goethe，1749－1832）则认为语言形态之间存在着一种相互交织的关系，不同的语言在其意思和音韵的传译中有着彼此相通的共性，这就构成了文学作品包括诗作的可译性。

其实，文学作品尤其是诗歌究竟可译或不可译只是相对而言，要看从哪个角度去思考。比如持可译性观点的歌德主张用散文体来译诗。他认为，诗作中深切地影响和陶冶读者的是诗人的心血被译成散文之后而依然留下来的东西，这是诗的精华，诗体只是一种绚烂的外饰。20世纪后的许多翻译家也不提倡以诗译诗，主张把原作译成散文，不译成韵文。但我们知道，诗之所以为诗，重要特征是其具有音乐美，而音乐美主要靠节奏和韵律来表现。节奏的轻重缓急能带给人一种张弛交错的特殊美感，而韵律能提供给读者听觉上的美感，二者均有利于感情的抒发，是"诗的原始的唯一的愉悦感官的芬芳气息"（黑格尔）。法国文学家瓦莱里（Paul Valery，1871－1945）就是用诗人的眼光看待翻译，强调"译文应同原文一样，具有强烈的音乐感、文学感"。那么，如果把诗转换成散文的形式译出，原文感情传达的力道会不会减弱？不能以诗体译诗的情况下，能说诗是可译的吗？

---

① 转引自谭载喜：《西方翻译简史》，商务印书馆2004年版，第42页。

如果说诗是不可译的，那为什么寒山诗能被美国的嬉皮士们喜爱甚至崇拜呢？他们怎么悟透了充满禅机的寒山诗呢？显然译者功不可没。不可译实际上是指原作的面貌不可能完美地再现，也就是说文学作品不可能完全地移植。英国学者斯坦纳（George Steiner）说过，“如果因为并不是什么都可以翻译，也不可能做到尽善尽美，就否认翻译是可行的，那就太荒谬了”①。

因此，我们认为，虽然诗歌的韵律、节奏等外在形式不可能完美地在译语中再现，但诗情、诗意等核心的东西是可译的。在翻译史上诗歌成功的译例并不鲜见。法国著名翻译家夏多布里昂（F. d. Chateaubriand，1768－1848）采用直译法所译的弥尔顿的《失乐园》，奈瓦尔（G. d. Nerval，1808－1855）采用散文体翻译的歌德的《浮士德》，这些“忠实而优美”的译作在文学史上获得了同原文一样的地位。还有德国的约翰·瓦斯（J. H. Voss，1751－1826）译的荷马的《伊利亚特》和《奥德赛》曾被歌德等人赞为古诗权威。普希金（А. С. Пушкин，1799－1837）所译的法国诗人的诗作经常被认为是与原著作者的争雄之作，经过他的翻译，译作有了感动力和尖锐性，甚至一些平庸的原作，由于他的再创造，也变成了颂扬青春活力的生气勃勃的赞歌。② 更难得的是，他的译诗很注意保留原作的风格特征、诗体形式、地方和时代的色彩，尤其注意保留原作的民族和民歌形式，但他不逐字死译。另一位俄国大诗人莱蒙托夫（М. Ю. Лермонтов，1814－1841）的译诗则在一些局部细节的处理上比较自由，但“他的译作的艺术效果实在令人叹为观止”。俄国纯艺术派诗人费特（Афанасий А. Фет，1820－1892）则特别看重译作是否传达了原作的形式美，还强调逐字翻译，主张“艺术歌曲的细腻之处应该锱铢必较”③。而美国意象派诗人庞德（Ezra Pound，1885－1973）和法国著名诗人克洛岱（Paul Claudel，1868－1955）在翻译中国古诗时都颇有“抓住一点、不及其余”的味道。④

我们更不能忘记，在20世纪初的俄国，诗歌翻译曾和“白银时代”的原创诗歌一起经历过辉煌。从安年斯基（Анненский）、梅列日科夫斯基

① 转引自谢天振：《翻译研究新视野》，青岛出版社2003年版，第20页。
② 参见吴克礼：《俄苏翻译理论流派述评》，上海外语教育出版社2006年版，第39页。
③ 转引自吴克礼：《俄苏翻译理论流派述评》，上海外语教育出版社2006年版，第68页。
④ 参见谢天振：《译介学》，上海外语教育出版社1999年版，第82页。

(Мережковский)、伊万诺夫（Вяч. Иванов）、索洛古勃（Сологуб）、巴尔蒙特（Бальмонт）、布留索夫（Брюсов）、勃洛克（Блок）起，象征派诗人不仅大量翻译了外国的诗作，而且把用新思想、新形象、新题材、甚至新形式丰富俄罗斯文化视为己任。[①] 尤其是勃洛克（А. Блок，1880－1921）所译的海涅以及拜伦等著名诗人的译作，至今仍是为人称道的大家之笔。还有安年斯基翻译的欧里庇得斯（Еврипид）的悲剧，诗意深邃，译笔老道。

究竟应如何译诗呢，很多著名的翻译家发表过见解。17 世纪英国翻译家克里奇（Thomas Creech，1659－1700）说："如果作者的意思被再现，丰富多样的表达被保留，作者的想象力也没有受到挫折……那么，翻译所要求达到的目的也就达到了。"[②] 这个要求不可谓不高。英国另一位翻译家德纳姆（John Denham，1615－1669）讲究译诗的韵律效果，但不强调忠实于原诗的形式，他认为：

> 在译诗中讲究什么忠实性是一种庸俗的错误观点……谁要在译诗中讲究这一点，那就正如在寻找他不需要的东西一样，他会永远找不到他所寻求的东西，因为他的任务不单是把一种语言译成另一种语言，而且还必须把一首诗译成另一首诗；诗的意味非常微妙，因此将它从一种语言移入另一种语言时，它会全部消失；如果在转移过程中不添加一种新的意味，那留下的就只是些无用的渣滓了。[③]

也就是说，译者应该在适当的地方勇敢地进行再创造，以弥补传递中不可避免地流失的东西。布拉格学派最有影响的翻译理论家雅各布森（Roman Jakobson，1896－1982）也认为翻译，尤其是诗歌翻译，是向另一种符号系统的"创造性移位"（creative transposition）。他认为，不论是语内或语际，诗歌是不可译的，只能是创造性的移植，因为诗歌本身是不可移植的，而诗歌的意义在很大程度上是依赖于诗律来传达的。苏联译界的一代宗师加切奇拉泽（Гачечиладзе，1914－1974）认为：在文艺翻译中应当寻求原作的美学价值，

① 参见吴克礼：《俄苏翻译理论流派述评》，上海外语教育出版社 2006 年版，第 84 页。

② 转引自谭载喜：《西方翻译简史》，商务印书馆 2004 年版，第 117 页。

③ 转引自谭载喜：《西方翻译简史》，商务印书馆 2004 年版，第 117 页。

翻译标准应是译文的艺术性与原作的艺术性相符。因此，从本质上说，首先从美学价值上说，文艺翻译是一种创作性活动。①

他说，迄今仍有人把翻译仅仅理解为改变原作的语言外壳，这仅仅是翻译的表面特征，而翻译过程的实质应当从创造性原则中去探索。②

另一位俄苏翻译理论家托佩尔（Топер，1923－）也指出，文艺翻译是创造，译者不仅完成了译语语言手段的选择，而且译文更是他在新的语言、民族、社会、历史等等条件下重新创造的一部艺术作品。

苏联文艺学派奠基人之一楚科夫斯基（Чуковский，1882－1969）也曾对创造性翻译发表过看法，他说：

> 优秀的翻译工作者……不是工匠，不是临摹画家，而是艺术家。他不是像当时大家认为的那样为原著拍照，而是创造性地再现原著。原著的文本是他复杂和灵感丛生的创作材料。翻译工作者首先是天才。要翻译巴尔扎克，他必须把自己化为巴尔扎克，哪怕是一部分也行，领会他的气质、沐浴他的激情、体验他对生活的诗意感受。③

创造性在诗歌翻译中体现得尤为明显。在19世纪俄罗斯的译坛上，人们把诗歌看做古已有之的、比散文更高的艺术形式。比如“翻译文学”这一概念首先是指散文翻译，按照当时的做法，译著面世时，书上译者的名字列于作者之后，或者干脆不署译者的名字以突出作品的外国文学特质；而诗歌翻译则不然，译著上署上译者的名字，作者的名字往往反倒居其次；诗歌的译作使读者首先想起的是翻译家，而后才是外国的作者。这体现了大家的一个共识，在诗歌的翻译中，译者是欣赏与创造的主体。一个优秀的译者首先要会欣赏，在欣赏中见出诗的意境，然后更要有能力把这种意境外射出来，形成能够与原诗相媲美的作品。好的诗歌翻译常被认为是与原诗的争雄之作。俄罗斯翻译家茹科夫斯基（В. Жуковский，1783－1852）有句名言：“译者在译散文时是奴

① 参见［苏联］加切奇拉泽：《文学翻译与文学交流》，蔡毅等译，中国对外翻译出版公司1987年版，第49页。

② 参见［苏联］加切奇拉泽：《文学翻译与文学交流》，蔡毅等译，中国对外翻译出版公司1987年版，第33页。

③ 转引自吴克礼：《俄苏翻译理论流派述评》，上海外语教育出版社2006年版，第119页。

隶，译者在译诗歌时是竞争对手。”也就是说，译者是“表达”的创造者，诗歌的译者在处理原作时应有很大的创作自由。好的诗歌译者，一方面应有诗人的妙悟，也就是善于挖掘原作的内在意蕴，领会并由衷地欣赏原诗独具特色的美，另一方面要有出色的艺术手腕，能够把领悟到的东西充分展示出来，这就是再创造的过程。俄国文学史上多产的翻译家巴尔蒙特（К. Бальмонт，1867－1942）说：“如果我是画家，用画家那种敏锐而专注的、富有磁性的目光打量我画的脸庞，那么创造性地再现这张脸庞是可能的。”① 但他似乎创造得过了头，他的译作由于对原作任意改写而遭到严厉的批评，只有为数不多的可称为精品，首先是译自爱伦·坡的作品，显然是因为两位诗人“诗感相通”。

也有很多翻译家主张忠实于原作，原作者的意思不可侵犯。17世纪伟大的翻译家德莱顿（John Dryden，1631－1700）认为，要做一名优秀的译诗者，译者必须首先是一名优秀的诗人。译者必须绝对服从原作的意思。他把译者比做奴隶，认为“奴隶”只能在别人的庄园里劳动，给葡萄追肥整枝，然而酿出的酒却是主人的。② 法国翻译理论家巴特（Charles Batteux，1713－1780）认为，译者可以作出改动，但前提是他必须使原作思想保持同样的实质，同样的生命。在思想上，译文要保持原文的色彩、程度和细微差别；在风格上，译文要保持原文的激情、风趣和生气……译者不是主人而只是原作者的“仆人”，必须处处跟随原作者，如实地反映原作者的思想和风格。③ 17世纪法国翻译评论家于埃（Daniel Huet，1630－1721）认为，优秀译者要达到的目的，是让读者看到原作者本来的面目，而不是译者认为他应当具有的面目；是毫无遮掩地显露原作者，而不是借以使原作更可爱或更易于理解，给原作涂脂抹粉和乔装打扮。④ 这些典型的忠于原作的观点对当时的翻译实践均起了重要的指导鞭策作用。

我国古代的诗歌翻译作品十分少见，但诗歌翻译却很早就开始了。中国许多著名翻译家在谈到译诗问题时，一致认为，诗歌翻译要重整体、重精神。林

---

① 转引自吴克礼：《俄苏翻译理论流派述评》，上海外语教育出版社2006年版，第119页。

② 参见吴克礼：《俄苏翻译理论流派述评》，上海外语教育出版社2006年版，第122页。

③ 参见吴克礼：《俄苏翻译理论流派述评》，上海外语教育出版社2006年版，第100页。

④ 参见吴克礼：《俄苏翻译理论流派述评》，上海外语教育出版社2006年版，第92页。

纾谈译诗时说过：“存其旨而易其辞，本意并不亡失。”茅盾强调，翻译文学作品，包括翻译诗歌，保留原作或原诗的神韵为第一要义。郭沫若则强调文学翻译，包括诗歌翻译要不失“风韵”，即使字义有失而风韵能传，尚不失为佳品。他还十分强调诗歌译者主观感情投入的必要性：

> 译雪莱的诗，是要使我成为雪莱，是要使雪莱成为我自己。译诗不是鹦鹉学舌，不是沐猴而冠。男女结婚是要先有恋爱，先有共鸣，先有心声的交感。我爱雪莱，我能感听得他的心声，我能和他共鸣，我和他结婚了。——我和他合而为一了。他的诗便如像我自己的诗。我译他的诗，便如像我自己在创作的一样。①

朱生豪也强调译作要保持原作的神韵。陈西滢则把翻译比做绘画，提出了形似、意似、神似说。而诗人胡怀琛早在 1914 年出版的《海天诗话》中对于译诗就有了精彩的论述：“欧西之诗，设思措词，别是一境。译而求之，失其神矣。”他也认为，诗的“神”是至关重要的，强调译诗不能“按文而译”，应可以有较大的再创造自由。刘半农在 20 世纪 20 年代初对于译诗也有过精彩论述，他认为，声调既然是不能迁移的东西，那么，译者就只能力求得到原作的“神情”：

> 要是他能得到这神情，他虽然不把原来的声调搬过来，也一定能在译本中得到一个相当的声调。我想，我们在译事上，于意义之外，恐怕也只能做到求声调于神情之中的一步。②

郑振铎谈到诗歌翻译时指出：“如果译者的艺术高，则不唯诗的本质能充分表现，就连诗的艺术的美——除了韵律外——也是能够重新再现于译文中的”。

如今，我们发现，决定“怎么译”的因素更多了，许多研究者的目光已经跳出孤立文本的框框，开始从更深更广的层面来考察翻译活动，他们把翻译

---

① 陈福康：《中国译学理论史稿》，上海外语教育出版社 1992 年版，第 261 页。

② 陈福康：《中国译学理论史稿》，上海外语教育出版社 1992 年版，第 206 页。

置于一个广阔的文化背景中进行研究，强调历史意识和文化观点。英国学者巴斯奈特（Susan Bassnett）的翻译思想中就有一条非常重要的原则：翻译绝不是一个纯语言的行为，它深深根植于语言所处的文化之中。[①] 她认为，翻译应以文化作为单位。美国学者勒菲弗尔（Andre Lefevere）提出了翻译研究中“文化转向”的问题，认为应把翻译看做是一种文化发展的策略来研究，他把翻译研究与权力、思想意识、赞助人和诗学结合起来。还有把立足点放在目标读者和翻译任务委托者身上的深具德国特色的翻译目的学派，埃文－佐哈尔（Even－Zohar）的多元系统理论等，都深入到了对翻译行为本身的深层探究。

## （二）

既然诗歌是可以翻译的，那么我们在本书中就对“怎么译”的问题继续进行研究探讨。究竟选择什么时段、什么类型的诗歌呢？经过考察，我们选择了中国古典诗词的俄语翻译。中国有光辉灿烂的诗歌传统，从诗经、楚辞、汉赋、乐府到唐诗、宋词、元曲，产生了无数脍炙人口、久诵不衰的经典华章；涌现了屈原、李白、杜甫、白居易等伟大的诗人。但是这些诗人和诗作在国外的声誉、地位和影响却与其应有的精品地位相去甚远。当然有文化差异的因素；但不可否认，一个重要原因是翻译的量少，而且质量也有问题，影响了中国古典诗词在世界的交流和传播。中国古典诗词由于历史传承久远，反映的时代内容和语言运用与现代差异极大，再加上古典诗词独特的固有的表现形式、节奏韵律的特点等，都成为翻译的难点，甚至是无法逾越的障碍。如果能突破中国古典诗词翻译的一些难点，那么翻译现代诗歌甚至其他文学作品就会容易许多。所以我们选择研究中国古典诗词的翻译问题，一是为了使中国古典诗词这一文学瑰宝能更好地为世界所熟知；二是为了突破翻译中的难题，为翻译工作提供些许借鉴，为构建中国文学翻译的大厦尽些绵薄之力。

诗歌翻译是一个庞大的系统工程，是多种因素综合作用的结果。全面研究这一问题既非作者的能力所能胜任，也容易浅尝辄止，流于浮泛，恐似管中窥豹，盲人摸象。因此，必须选择恰当的切入点。毋庸置疑，对于诗歌来说，音

① 参见廖七一：《当代英国翻译理论》，湖北教育出版社2004年版，第360页。

律和节奏是其重要特点之一，但作者不准备从这点入手。原因在于，“大翻译家都是高明的‘文字的媒婆’，他得具有一种能力，将两种并非一见钟情甚至是冤家的文字，配成情投意合的一对佳偶”①。我们相信，如果一个译者敢于着手翻译诗歌，那么他应该有最基本的素养，即有能力用译语保证诗歌外在的音律和谐，节奏优美，要知道，“译诗在一切翻译之中，原是最高的一层境界”。因此，本书中我们考虑的重点是在保证译文音乐性的前提下还可以从哪些角度进行诗歌翻译的研究。

苏联译界文艺学派一代宗师加切奇拉泽说：

> 诗的音乐并不产生于词的抽象音响之中，而是产生于音响和意义的结合、声音和所表达的思想的结合之中，就连同音韵这种音乐性很明显的言语要素，也只有当它能更完美地表达思想和加强艺术感染力时才获得意义。否则，音韵就不过是毫无意义的形式主义的音响游戏。②

就是说，虽然诗歌的首要条件是必须具备音乐性，但翻译中重要的还是原诗思想和感情的再现，也就是诗意的再现、“诗情”的传递。而承担诗情表达任务的正是意象，意象是诗歌最基本的元素，因为诗人在抒发情感时，往往力求情与境谐，情与景合，喜欢把情感凝结成有声有色、有形有态的具象，让读者自己去体验和感受。从这个意义上来讲，诗就是意象的艺术，诗人借助意象说话。意象是诗人心中之“意”与万物之“象”的合二为一，是融进了主观精神世界的客观物质世界，是“心”与“物”、“情”与“景”、“意”与“象”的水乳交融、浑然一体，是主观情思和客观物象在语言文字上的高度统一。

既然创作诗歌要从意象的营造开始，那么，欣赏和翻译诗歌也应该从理解、诠释意象做起。另外，中国古典诗词的意象及其生成、表达和组合与外国诗歌诗情的表达方式有诸多不同之处，体现了中国特有的文化传承。所以，从

---

① 余光中：《余光中谈翻译》，中国对外翻译出版公司 2000 年版，第 2 页。

② ［苏联］加切奇拉泽：《文学翻译与文学交流》，蔡毅等译，中国对外翻译出版公司 1987 年版，第 114 页。

诗学中常用的概念，也就是表达诗意的载体——意象入手研究译诗问题应是比较理想的切入点。而且，从意象角度审视中国古典诗词的翻译更有着特殊意义。

意象这个术语源自心理学，其本质是诗人心理世界的符号化投射，它的产生体现了诗人脑海中进行的意象思维运动，翻译中对意象进行转换的过程实际上是译者与作者的心灵互动，因此，从心理学角度探讨这个流程是比较适宜的。经过大量的前期准备工作，作者选定从格式塔心理学整体性原则和闭合性原则入手探讨中国古典诗歌翻译中的意象转换问题。

另外，目前对诗歌进行的俄译研究大多集中在字词对应方面，因此，运用心理学原理剖析译诗中的意象转换，是一个全新的有深度的研究视角，从另一个侧面补充了诗歌俄译研究，尤其是中国古诗词的俄译问题，具有一定的理论价值和创新意义；并且有助于更贴切地以意象转换为基点剖析古诗词翻译这一文化活动的过程，揭示其基本原则、基本类型、基本方法；探讨其中易于出现的问题和难以逾越的障碍；考察优秀译本的必备条件。

我们研究的基本原则是不从抽象的概念出发，而是立足于翻译的实践，从搜集到的译文实例进行观察、比较、分析入手，运用心理学和语言文化学中的先例理论，研究翻译中意象转换的得失，探寻中国古典诗词翻译中一些问题的初步答案。在充分探讨大量俄译本的得与失后，从中得出的经验和教训会在以后的翻译实践中给我们以宝贵的启迪，我们可以清晰地认识到诗词翻译独特的一面，留意其中暗藏的隐性的规律，有利于在今后的翻译实践中扬长避短，不断提高翻译质量，为中国古典诗词在国外的传播作出贡献。

另外，我们还想强调一点，本书写作的目的不是通过制定某些条条框框去告诉译者该如何翻译，要知道，在翻译中，想给出规则是徒劳的，因为翻译不仅仅是寻求语言层次上的对等，翻译实际上是文化融合。勒菲弗尔认为：

> 翻译教会我们理解文化融合的问题，理解不同文化之间的关系，而这一点对我们今天这个世界的生存是越来越重要了。翻译也教会我们在文化融合的大背景下理解文学，理解文学的演进。[①]

① 郭建中：《当代美国翻译理论》，湖北教育出版社1999年版，第167页。

把翻译研究仅仅看做是寻找翻译规则无疑是“简单化到了荒谬的程度”，这样做也是无视翻译这一现象的复杂性。研究者的目的不是告诉译者如何翻译，但可以使他们了解翻译中的问题，并必须设法解决这些问题。借用一下谢天振教授的观点：

> 理论，包括我们所说的翻译理论，除了有指导实践的功能以外，它还有帮助我们认识实践的功能……这就像语言学理论一样，语言学理论的研究虽然不能直接提高人们的说话和演讲水平，但却能深化人们对语言的认识。①

## （三）

我们准备从五个章节对上述问题展开论述。

第一章从中外古今考察意象的沿革情况，界定意象的内涵和外延，考察意象在诗歌创作和翻译中所占的重要地位，指出意象对于诗歌翻译具有重要作用，完成诗歌翻译的基本工作是做好意象的转换。

第二章从格式塔心理学整体性原则入手探讨中国古典诗词俄译时的意象转换问题。指出意象的本质从心理学上来说是诗人心理世界的符号化投射，意象的转换其实是译者与诗人心灵上的互动，剖析这种心灵互动的流程和结果。提出意象转换的三原则：（1）在把握诗词的整体性前提下，理清意象链，保持作者思维的连续性；（2）抓住核心意象——全诗的格式塔质；（3）挖掘深层意蕴。

第三章从格式塔心理学闭合性原则出发，分析译者进行心理闭合的“完形”心理，探讨诗人通过意象留给读者的审美空间，指出意象含蓄蕴藉的特点，对译者“完形”尺度作出规范。

第四章从意象转换的角度大致把译本分为四种类型：“象”似“意”达型，“象”异“意”似型，“象”似“意”异型和“象”异“意”异型。为

① 谢天振：《翻译研究新视野》，青岛出版社 2003 年版，第 7 页。

翻译理论和实践研究提供可行性参考。

第五章从语言文化学先例理论视角分析中国古诗词意象中极为丰富的先例现象造成的翻译中文化信息流失的问题，并从意象外部表现形式和诗人风格再现方面论述意象转换中难以逾越的障碍，认为最大程度地弥补原作思想文化内涵和艺术感染力的流失是翻译工作者努力的方向。

结束语中对本书的主要观点进行详细的综述，指出作者的创新和突破之处，并对该课题继续研究的方向进行分析。

# 第一章　意象内涵辨析

## 第一节　中国意象理论的沿革

意象是中西诗学中出现频率较高的一个概念。中国古代典籍中关于“象”的记载，最早见于《尚书·说命》：“梦帝赉予良弼，其代予言。乃审厥象，俾以形旁求于天下。说筑傅岩之野，惟肖，爰立作相。”

这段话叙述了殷高宗武丁根据他梦中之象找到傅说并立其为相的故事。另外，《左传·宣公三年》中有关于“铸鼎象物”的记载：“昔夏之方有德也，远方图物，贡金九枚，铸鼎象物，百物而为之备，使民知神、奸。”

这里讲的“象”是指远古的神话形象或图腾形象，在夏禹之世，它们或许被当成实有之物，而实际上，原是远古先民幻想中的产物。①

《周易·系辞传上》最早从哲学的角度谈到了意与象的关系：

> 子曰：“书不尽言，言不尽意。”然则圣人之意，其不可见乎？子曰：“圣人立象以尽意，设卦以尽情伪，系辞焉以尽其言。”

先秦思想家认为，象是“表意之象”，主要是指具体有形的形象，圣人立象的目的是为了把丰富、深刻的思想意念用具体可感的形式表现出来。《系辞》上又说：

> 是故夫象，圣人有以见天下之赜，而拟诸其形容，象其物宜，是故谓之象。

① 参见汪裕雄：《审美意象学》，辽宁教育出版社1993年版，第47页。

赜，意为深奥，可见，文章中的“意”是指那种只有圣人才能发现的“天下之赜”，“圣人”则取常见的形象来象征之，象有言所不能完成的功能。

“意象”作为一个概念最早出现于汉代王充的《论衡·乱龙》中：

夫画布为熊、麋之象，名布为侯，礼贵意象，示义取名也。

所谓“意象”，即指用来象征各级贵族官员地位的画面形象，即把不同级别的野兽画在受箭的布靶子上，人的地位越高，所射的兽越凶猛。可知“意象”一词自诞生之日起，就与熊、麋等个别的具体的物象联在一起，而在书面文字中与其对应的就是表示具体物象的单个孤立的语词。① 王充还在文章中另举一例：

礼，宗庙之主，以木为之，长尺二寸，以象先祖。孝子之庙……虽知非真，示当感动，立意于象。

指的是用一块一尺二寸高的木板这个象，揭示神主与祖先之间的关系这个“意”，虽明知不是真的也感动，就在于“立意于象”的缘故。可见，古人是把意象理解为“表意之象”，理解为象征。据黑格尔考察，世界上一切民族的最古老的艺术几乎都是象征。中华民族自然也和世界上其他文明民族一样，有着自己堪称辉煌的象征艺术时代。那不断焕发出新意的龙、凤图像，半坡出土彩陶上的人面含鱼纹，关于盘古、女娲、后羿、夸父等的神话，以及殷商时期的司母戊青铜大方鼎等等，都证明着这个艺术时代的存在。② 形形色色的象征着某种观念的意象，则是那时人类精神生活中最重要和最普遍的形式。

魏晋之际的学者王弼在《周易略例·明象》中确认了“象”的象征意义，并对言、意、象三者的关系作了如下阐述：

夫象者，出意者也，言者，明象者也，尽意莫若象。象生于意，

---

① 参见陈植锷：《诗歌意象论》，中国社会科学出版社1990年版，第17页。

② 参见顾祖钊：《文学原理新释》，人民文学出版社2000年版，第120页。

故可寻象以观意。

这里的象，指《周易》中的卦象和爻象，言指解释这种卦象的卦辞和爻辞，《周易》用八卦的排列、组合来象征自然和人事的各种存在与变化形态，意则是指卦象中蕴含的象征意义。王弼认为，象是用来达意的，而言则是明象的工具。

我们看到，早期主要在哲学领域内讨论的意象只能算是一般意义上的观念意象，并非文学艺术追求的那种最能体现作家艺术家审美理想的高级意象，但早期的相关论述为后来文学理论中意象论的成熟奠定了哲学根基。

在文学审美范畴中首先把意象一词作为理论术语提出来的是南朝的文艺理论家刘勰（约465－532），但他所说的意象已非古义，而是一种艺术表达前的“内心之象”，即我们常说的“胸中之竹”。他在《文心雕龙·神思》中说：

> 是以陶钧（原指制器物的模子，在此作熔铸解。即“构思”——笔者注）文思，贵在虚静，疏瀹五藏（通脏），澡雪精神，积学以储宝，酌理以富才，研阅以穷照，驯致以怿辞；然后使玄解之宰，寻声律而定墨，独照之匠，窥意象而运斤；此盖驭文之首术，谋篇之大端。

刘勰用了《庄子·天运》中的轮扁斫轮的典故，轮扁斫轮，头脑中必定先有车轮的具体形状，然后依据这“意中之象”来运斤，作家也应根据浮现于脑际的形象去进行创作。这里的意象指的是作家在生活体验的基础上，通过想象在脑海里生成的艺术形象，是“神思”的产物，是作者的“意中之象”，其重点在“意”。刘勰接下来说到“意授于思，言授于意”，思指神思，意指意象，言指文辞；神思形成意象，意象产生文辞，文学创作即是三者贯通融合的过程。① 刘勰把前人哲学理论话语中的意象转化为文学创作论上的审美观念，他不再强调象征意义，而是赋予其新的美学蕴涵，推动了诗学理论中象征性意象向情感性意象的转换。

---

① 参见孙耀煜：《文学理论教程》，人民文学出版社1991年版，第116页。

中国的意象理论至唐代臻于成熟，不仅大量出现在诗歌创作实践之中，当时的诗学论著对其也有较多阐述，王昌龄的《诗格》就提到了意象问题，他认为，诗有三思：一曰生思，久用精思，未契意象，力疲智竭，放心神思，心偶照境，率然而生。这里讲的是诗歌创作中的构思问题，句中的意象指意识所要搜寻的宣泄内心感受的切入点，没有寻到，才说"（思）未契意象"。"生思"说的是创造意象的心理状态和过程，"意"与"象"未能契合，神思不通时，诗人须放松精神，对客观物象进行内心观照，一旦主体之"意"与客观之"象"实现瞬间的融合，情感性意象便会在刹那间形成。晚唐诗人和诗论家司空图在他著名的《二十四诗品》中也多次谈到意象，《诗品·缜密》中说：

> 是有真迹，如不可知，意象欲出，造化已奇。水流花开，清露未晞……语不欲犯，思不欲痴，犹春于绿，明月雪时。

原句大意是：明明有客观事物"真迹"在，却不知从何而来，心目中的意象开始发生，自然界的景色物象也变得奇妙莫测，……情深意远的意象要以幽婉绵密的细节描绘，语言不能过于华丽而使读者得言望象，思路不能呆板阻滞而使读者得象忘境，意象要如新绿之于春天，又像皎月与白雪交辉，浑成一片。[①] 此句中的意象应该与刘勰指出的一样，是尚未进入作品的诗人的"意中之象"。

意象理论在宋、元时期得到进一步发展，在明清两代基本趋于完善、成熟。明代文学家、思想家王廷相（1474－1544）的论述比较接近现代意义，他在《与郭价夫学士论诗书》（卷32）中说：

> 夫诗贵意象透莹，不喜事实粘著。古谓水中之月，镜中之影，可以目睹，难以实求是也……嗟呼，言征实则寡余味，情直致而难动物也。故示以意象，使人思而咀之，感而契之，邈哉深矣，此诗之大致也。

① 参见陈良运：《中国诗学体系论》，中国社会科学出版社1992年版，第210页。

作者认为写诗的关键是要创造出“透莹”的“不喜事实粘著”的意象，不能刻板地记录或机械地模仿物象，要蕴藉含蕴地表达情意，不要直露无余味，这样才能让人“思而咀之”。明代文学家胡应麟在他评论历代诗歌的著作《诗薮》中，把意象作为论诗的标准，认为“古诗之妙，专求意象”。明末的陆时雍在《诗镜》中大量使用意象这一术语并且解释得很清楚，他在《唐诗镜》卷十指出：

> 树之可观者在花，人之可观者在面，诗之可观者，意象之间而已。要在精神满而色泽生。

这段话讲了意象的作用，还强调意象应当做到“精神满而色泽生”，这是他对意象的基本要求。明末清初著名的哲学家、诗学理论家王夫之在《古诗评选》（卷五）中说：

> 情不虚情，情皆可景；景不虚景，景总含情。

在他的诗学专著《姜斋诗话》中说“情景名为二，而实不可离。神与诗者妙合无垠”。王夫之揭示了诗歌审美意象的生成方式，指出意象的本质即情和景的内在统一。

现代学者对意象问题也多有论述。著名诗人艾青说：“意象是具体化了的感觉。”“意象是诗人从感觉向他所采取的材料的拥抱。”下面是他针对意象这个术语作的一首诗：

> 意象：
> 翻飞在花丛，在草间，
> 在泥沙的浅黄的路上，
> 在静寂而又炎热的阳光中……
> 它是蝴蝶——
> 当它终于被捉住，
> 而拍动翅膀之后，

真实的形体与璀璨的颜色，
伏贴在雪白的纸上。[①]

诗人余光中给意象下的定义是：意象是构成诗的艺术之基本条件之一。我们似乎很难想象一首没有意象的诗……。所谓意象，即是诗人内在之意诉之于外在之象，读者再根据这外在之象还原为诗人的内在之意。[②]

关于意象的本质内涵我们会在以下章节中作详细剖析。

## 第二节　西方意象理论简介

英文中的意象（image）一词源自拉丁文 imago，作为一个理论术语，首先出现于认识论和心理学领域，可译为“表象”、“印象”或“影像”。在西方哲学传统中，意象被认为与知觉、思维等认识活动有密切的关系，即我们在感知、认识外界事物时伴随着一种心理意象的产生。

古希腊的德谟克利特（公元前 460－前 370 年左右）把所有感官得到的关于物体的印象，都叫做意象。他认为“感觉和思想都是外部模压的意象造成的，没有这种意象，它们都不会发生”。继德谟克利特之后，亚理士多德（Aristotle，公元前 384－前 322 年）也认为，“没有心灵图画（意象）的伴随，便不可能去思维”。此后，这一思想在西方近代哲学尤其是英国经验主义哲学中获得继承和发展。洛克（John Locke，1632－1704）和休谟（David Hume，1711－1776）都认为观念（idea）和意象是同一个东西，因此思维活动和具有心理意象是等同的。由于思维和语言的密切关系，意象又被看做是词语意义的承担者，理解一个词语的意义被认为是在心中产生一个与其相关联的意象。西方当代哲学家萨特（Jean Sartre，1905－1980）用现象学方法对意象和想象活动进行了研究，他认为，意象与构造意象的意识活动本身是不能分离的，意象是意识活动反思的对象，“被称做是‘意象’的东西，本身即是与反思一道出现的”。他对意象的初步定义是：“‘意象’这个词只能指意识同对象的关系；换言之，它只表示对象在意识中显现所采取的某种方式。”因此，意象是一种

① 艾青：《诗论》，人民文学出版社 1980 年版，第 30 页。
② 参见余光中：《掌上雨》，香港文艺书局 1968 年版，第 9 页。

"意识"，更确切说，是一种"想象性意识"，一种"完整的综合组织"的意识。西方哲学认识论领域中的"意象"不是我们要讨论的审美意象。

18世纪初，德国哲学家鲍姆嘉通（Baumgarten，1714－1762）在美学领域的一些论述涉及了意象问题，其美学思想是建立在莱布尼茨（Leibnitz，1646－1716）和沃尔夫（Christian Wolff，1679－1754）的哲学系统上的。德国理性主义哲学家的领袖莱布尼茨及其弟子沃尔夫认为"明晰的认识"是认识的最高阶段，可分为"明确的"（理性的）和"混乱的"（感性的）两种，"混乱的认识"又可称为"微小的感觉"，它虽是"混乱的"，却是"明晰的"，"混乱"指未经逻辑分析，"明晰"指呈现生动的图像。[①] 鲍姆嘉通把这一哲学进一步系统化，他看到没有一门相应的学科来研究情感即"混乱的"感性认识，就建议设立这样一门新学科，叫做Aesthetica（感觉学）。1735年他在《关于诗的哲学默想录》里首次提出建立美学的建议，他认为"美是凭感官认识到的完善"（这也是Aesthetica被译为"美学"的一个原因，他也因此被称为"美学之父"）。鲍姆嘉通主张在诗中选用内容丰富而具体的形象，在他看来，一个观念或意象所含的内容愈丰富，愈具体，它就愈明晰，因而也就愈完善，愈美。他称赞荷马在《伊利亚特》里对各参战国的战船的描写，认为贺拉斯用"棕榈"而不用"胜利的奖品"，是用具体语言代替抽象语言的好例子，[②] 他还认为能激发情绪即情感饱和的观念或意象最富于诗的性质。可见，鲍姆嘉通眼中的意象就是内容丰富并且带有深厚情感的形象。

西方最早将意象列为艺术审美范畴的是康德（I. Kant），他在《判断力批判》一书中有这样的论述：

> aesthetische idée（审美意象）是一种想象力所形成的形象显性。它从属于某一概念，但由于想象力的自由运用，它又丰富多样，很难找出它所表现的是某一确定概念。

他还说：

① 参见朱光潜：《西方美学史》，中国长安出版社2007年版，第180页。

② 参见朱光潜：《西方美学史》，中国长安出版社2007年版，第181页。

> 诗人肩负了这样的工作，要把看不见的一些理性观念的东西，如像天堂、地域、永恒、创世等，翻译称为可以感觉到的东西。再或者把经验中所发生的事情，如死亡、忌妒、恶德以及诸如爱情、荣誉之类的东西，借助于想象力的帮助，不仅使它们具象化，而且在具象化的当中使它们达到理性的最高度，显示得那么完满，以至使得自然本身相形见绌。事实上，正是在诗的艺术中，审美意象的能力才能得到充分的展示。①

康德的观点与中国古典美学中追求的“以意为主，意伏象外”、“韵外之致”、“味外之旨”、“言有尽而意无穷”等有着相通之处。

真正使意象成为一个醒目的概念进入西方美学和文学理论领域的是英美“意象派”诗论。“意象主义”（imagism）的正式提出是20世纪初叶，其主要奠基者有美国的庞德（Ezra Pound，1885－1972）、罗厄尔（A. Lowell）、英国的弗林特（F. S. Flint）、休姆（T. E. Hulme，1883－1917）等。英国诗人休姆可谓意象派思想意识上的创始人，他于1908年在伦敦创办了诗人俱乐部。尔后，美国诗人庞德来到伦敦，促成意象派这个名称，他于1913在《诗刊》上发表《回顾》一文，提出诗歌创作三原则：

> 1. 对所写之“物”，无论是主观的还是客观的，采用直接处理的方法；2. 绝对不使用任何无益于表达的词；3. 关于韵律：用富有音乐性的词句的先后关联，而不是按一架节拍器的节拍来写诗。②

这三原则后来被称为“意象主义宣言”。意象派诗人的目的是摆脱浪漫主义的感伤情调和无病呻吟，力求诗歌的凝练和客观性。“写诗要用意象，要写得具体确切，而不抽象、一般”是他们的信条。庞德首先发现了中国古诗的魅力，对汉语几乎一无所知的他从中国的表意文字中挖掘出意象；1915年，他曾在《诗刊》上撰文说，中国诗“是一个宝库，今后一个世纪将从中寻找

---

① 转引自赵毅衡：《新批评》，中国社科出版社1986年版，第133页。

② ［英］彼德·琼斯：《意象派诗选》，裘小龙译，漓江出版社1986年版，第150页。

推动力，正如文艺复兴从希腊人那里找推动力"[①]，而不懂汉语的罗厄尔也凭着诗人的天赋和别人合作翻译了150首中国古诗。这些诗人发现中国古诗，尤其是唐诗，具有鲜明的意象，他们从中找到了与意象派相一致的表现方法，从拥有几千年文明史的中国文化中获得了理论的支撑点。我们将在以下文字中作具体表述。

## 第三节　意象概念界定

通过前文对中西方意象理论的梳理，可以看出，在中国古代，人们主要把意象理解为一种象征，一种"表意之象"；而刘勰所说的意象，与古义有所不同，是一种艺术表达前的"内心之象"，即想象中的艺术形象；从明代以后，意象的内涵已变得十分宽泛，类似于西方的image。

英美意象派所提倡的image是指运用想象、幻想、譬喻所构成的各种具体鲜明的、可以感知的诗歌形象。意象派主张把自己的情绪全部隐藏在意象背后，通过意象将它们暗示出来。[②]

先说说西方的庞德为意象下的定义。庞德在1913年3月号《诗刊》发表的意象主义者的《几个"不"》（A Few Don't）中说："意象是一种在瞬间呈现的理智和情感的复合体。"[③]

庞德用了心理学意义上的"情结"（complex）一词，他是非常重视意象中的情感因素的，同时，以庞德为代表的英美意象派诗人也十分重视"象"，他们强调用"象"来表达难以尽言的一瞬间的审美体验和感受。庞德那首著名的《在一个地铁车站》（In a Station of the Metro）曾被意象研究者广泛引用：

> The apparition of these faces in the crowd;
> Petals on a wet, black bough. [④]

---

① 赵毅衡：《诗神远游——中国诗如何改变了美国现代诗》，上海译文出版社2003年版，第18页。

② 参见袁行霈：《中国诗歌艺术研究》，北京大学出版社1987年版，第58页。

③ 转引自［英］彼德·琼斯：《意象派诗选》，裘小龙译，漓江出版社1986版，第152页。

④ Wolosky, S.: *The Art of Poetry: How to Read a Poem*, New York: Oxford University Press, 2001, p. 91.

人群中这些面孔骤然显现，
湿漉漉的黑树枝上纷繁的花瓣。

这首诗传达了一种美感体验：作者在车厢里时，所看到的车厢外是黑黢黢的一片，从车厢走出的一瞬间突然从面前闪过一张又一张美丽的面孔。前后两种印象重叠，眼前仿佛出现幻象：黑色枝条上的许多美丽的花瓣。全诗通过一个新颖独特的意象表达了人在刹那间的直觉感受，给读者留下了无尽的想象空间。庞德自己说过，这首诗“是处在中国诗的影响之下的”。袁行霈先生也指出：“英美意象派所提倡的 image 是指运用想象、幻想、譬喻所构成的各种具体鲜明的可以感知的诗歌形象。意象派主张把自己的情绪全部隐藏在意象背后，通过意象将它们暗示出来，这恰恰受了中国古典诗歌的影响。”有研究者指出，这首诗无论在形式、内容和艺术手法上都酷似白居易的“玉容寂寞泪阑干，梨花一枝春带雨”。说实话，庞德的这首诗内涵并不丰富，是流于形式之作，和意境幽远古朴典雅的中国古典诗词无法相提并论，但却佐证了他关于意象的定义。

有一点需要引起我们的注意，正如敏泽在《钱钟书先生谈意象》一文中指出的：

> 当代西方关于“意象”的解释中，有一种把诗歌中出现的各种物象，例如梅花、兰花、柳丝、月亮、芳草、澄江等等都看作意象……，这样的认识也是不妥当的。诗中的意象应该是借助于具体外物、运用比兴手法所表达的一种作者的情思，而非那类物象本身。那些物象本身如果离开了作者的艺术想象和构思，就只能是单纯的“象”，而非诗歌的“意象”。①

也就是说，不能简单地认为诗中出现的花草、烟云等有形有象的东西就是意象，只有那些浸润了作者情感的，表现为词语、句子或整首诗的事象、物象才可称为意象，屈原的《离骚》之所以可贵，因它不止停留在“草木虫”等

① 敏泽：《钱钟书先生谈“意象”》，载《文学遗产》2000 年第 2 期。

形象的阶段，而是渗透和熔铸进去了诗人的情感，才使它们升华成为“自哀其志穷”的“意象”。

中国当代研究者关于意象的内涵众说纷纭，比较有代表性的是袁行霈先生在《中国古典诗歌的意象》一文中提出的：

> 物象是客观的，它不依赖人的存在而存在，也不因人的喜怒哀乐而发生变化。但是物象一旦进入诗人的构思，就带上了诗人的主观色彩。这时它要受到两个方面的加工：一方面，经过诗人审美经验的淘洗和筛选，以符合诗人的美学理想和美学趣味；另一方面，又经过诗人思想感情的化合和点染，渗入诗人的人格和情趣。经过这两方面加工的物象进入诗中就是意象。诗人的审美经验和人格情趣，即意象中的那个意的内容。因此可以说，意象是融入了主观情意的客观物象，或者是借助客观物象表现出来的主观情意。①

古今中外虽然对意象的说法林林总总，但基本认识却有其共同点：

**1. 意象是主客观的统一体**

意象是心中之“意”与万物之“象”合二为一，是融进了作者主观精神世界的客观物质世界，是“心”与“物”、“情”与“景”、“意”与“象”的水乳交融、浑然一体，是主观情思和客观物象在语言文字上的高度统一，也就是古人常说的“意与象合”，“情与景偕”，比如“鸡声茅店月，人迹板桥霜”（温廷筠《商山早行》）、“沧海月明珠有泪，蓝田日暖玉生烟”（李商隐《锦瑟》）、“楼船夜雪瓜洲渡，铁马秋风大散关”（陆游《书愤》）、“枯藤老树昏鸦，小桥流水人家”（马致远《天净沙·秋思》）等高度意象化的诗句都很鲜明地体现了这些特点。这些诗句的产生，是情志与物象浑融一体的结果，正如刘勰所说，是“登山则情满于山，观海则意溢于海”的产物，艺术家头脑中的山、海的形象，已不是纯然的物象，而是主观情志和客观物象的融合，是把表象变形了的一次新颖的创造。

---

① 袁行霈：《中国诗歌艺术研究》，北京大学出版社1987年版，第59页。

**2. 意象是文学作品特别是诗歌最基本的元素，由此诗歌也可以看做是意象的艺术**

在这里我们不能不涉及一个最易于与“意象”混淆的文艺学概念——“形象”。形象是文学艺术反映社会生活的主要手段，形象性是文艺区别于其他意识形态和科学的本质特征。车尔尼雪夫斯基（Чернышевский，1828－1889）说过：“艺术不是用抽象的概念而是用活生生的个别事实去表现思想……因此艺术的创造应当尽可能在生动的图画和个别的形象中具体地表现一切。”①

因此文学形象是关于人的社会生活及其社会环境的具体的、感性的、蕴含作者思想感情并具有美学意义的图景。就主客观统一地表现生活及感情这点来说，形象与意象是相同的。不过形象虽有主观意志情感的融入，但它必须符合生活的本来面目，符合生活逻辑；意象却是以意立象，以情选景，主观因素居于主导地位。明代学者王廷相在《与郭价夫学士论诗书》（卷32）中曾说：“夫诗贵意象透莹，不喜事实粘著。古谓水中之月，镜中之影，可以目睹，难以实求是也。”由于“意”处于主导和支配的地位，因此立什么“象”，布什么“景”，就必定以“意”的需要为转移。为了尽“意”，对“象”和“景”需要加以虚构。② 这种虚构，有时甚至可以超出生活逻辑的范畴。王之涣的“黄河远上白云间”（《凉州词》）、李白的“白发三千丈”（《秋浦歌》）、杜甫的“群山万壑赴荆门”（《咏怀古迹》）、李贺的“黑云压城城欲摧”（《雁门太守行》）等诗句中的意象，都无法用生活逻辑解释清楚，它实际上是作者某种生活感受和特定意念的形象化表现。

其次，不同文学体裁的形象性有不同的表现形式。叙事性的文学作品（如小说、戏剧及叙事性的散文等）的形象主要表现在人物性格的塑造上。它们也要描绘自然和社会环境，但这些形象只是为了烘托人物。以抒发感情为主的诗歌不同于叙事性的文学作品，它的写景、状物是为了表达作者的思想感悟、美学趣味，不以刻画人物及其活动环境为主要目的。俄国现实主义文艺批评家别林斯基（Белинский，1811－1848）明确用“形象”来概括文艺的本质特征，他认为，诗的本质就在于给不具形的思想以生动的感性的美丽的“形

① ［俄］车尔尼雪夫斯基：《生活与美学》，周扬译，人民文学出版社1962年版，第53页。

② 参见侯健：《文学通论》，北京大学出版社1986年版，第128页。

象”，可见，在别林斯基看来，“生动的”、“感性的”、“美丽的”形象是无形的“思想”的有形的外壳，诗人创作的过程就是力求用各种有形体来外现内在的无形体，让具体的事物拥有人类的生命之力——情感思想，今天看来，别林斯基所说的经过情感镕铸的形象其实就是意象。诗人在抒发情感时，往往力求情与境谐，情与景合，把情感凝结成有声有色、有形有态的具象，以让读者去体验和感受。比如，“情谊”是无形的，但“桃花潭水深千尺，不及汪伦送我情”的诗句却让读者感受到了别情的深长；“忧愁”是抽象的，但“问君能有几多愁，恰似一江春水向东流”却让读者体会到了忧愁的绵绵无休。所以，也可以说“意象”是“形象”的一种，它主要是特指诗歌中的形象。一首诗，可以有一个单一的意象，也可以有多个意象组成的复合意象。比如杜甫的《绝句》：“迟日江山丽，春风花草香。泥融飞燕子，沙暖睡鸳鸯。”这首诗一句一个意象，四个意象组成了初春美丽的图画，表现了诗人面对美好春光的喜悦之情。

既然意象是构成诗歌最基本的元件，那么创作诗歌要从意象的营造开始，欣赏和翻译诗歌也都要从理解、诠释意象做起。

**3. 语言是意象的物质外壳**

意象是传递诗歌意旨的重要载体，是诗人情感的附着物，而意象的载体则是语词，或者说，意象以语词为外部表现，因为作家头脑中的每一个意象都不得不借助于物质外壳——语言固定下来，否则，一切感情和思想都是空中楼阁，无从附着。有时一个词藻就是一个意象，杜甫的《登高》：“风急—天高—猿啸哀”，是由三个意象组成的一串意象链，再由若干诗句组成若干意象链。有时一句诗是一个意象，如王维的《观猎》：“回看射雕处”，“千里暮云平”。①

> 就诗人的艺术思维来说，象，即客观物象，包括自然界以及人身以外的其他社会联系的客体，是思维的材料；意，即作者主观方面的思想、观念、意识，是思维的内容；言，即以语词为基本单位的人类语言的记录，是思维的直接结果和书面表现形式。物质世界的“象”

① 孙耀煜：《文学理论教程》，人民文学出版社 1991 版，第 157 页。

> 一旦根据作家的“意”被反映到一定的语言组合之中并且用书面文字固定下来之后，便成为一种心灵化了的意象。①

不同语言的不同表达方式和形态，决定着本语言诗歌意象的生成、组合、转换的独有特点。

> 我国源远流长的古代诗歌，由四言而五言而七言。其句法虽也经历了从简单到复杂的发展过程，然就总体上讲，基本上是一种“词组诗”，同世界上其他较大的语种如斯拉夫语系（即所谓曲折语）及阿尔泰语系（即所谓粘著语）等相比，他们的语言都是依靠语尾形态的变化或格助词的附加连成“线”的。中国古典诗歌的语言（汉藏语系即所谓孤立语）则是“点”的，或者说“块”的。②

再加上汉语句法的灵活性和词性的不确定性等语法特点，难怪在中国古代诗歌中才会有“鸡声茅店月，人迹板桥霜”（温廷筠《商山早行》）这种没有任何关联词语，纯粹用六个名词（或词组）并列组成的意象，这不但不影响人们对诗意的理解，而且使意境更加隽永。

中国古代诗歌还大量地运用比兴、对偶等艺术形式来组合意象，营造意境。当诗人求助于一个意象（通常来自大自然）来形容他想表达的意念或情感时，他采用“比”。而当感性世界的一种现象、一片风景、一个场景，在他心目中唤起一重记忆、一种潜在的情感或者一种尚未表达出来的意念时，他便运用“兴”。③ 唐诗中的“比”和“兴”比比皆是。朱熹在《诗集传》中说：“比者，以彼物比此物也”；“兴者，先言他物以引起所咏之词也。”可以说，比兴就是运用艺术联想把两个或两个以上的意象连接在一起的一种诗歌技巧。这种连接是以一个意象为主，另外的意象为辅。作为辅助的意象对主要的意象起映衬、对比、类比或引发的作用。用“比”连接意象的，如杜牧的《山行》：“停车坐爱枫林晚，霜叶红于二月花。”这是用“二月花”比喻“霜叶”

---

① 陈植锷：《诗歌意象论》，中国社会科学出版社 1990 年版，第 15 页。

② 陈植锷：《诗歌意象论》，中国社会科学出版社 1990 年版，第 31 页。

③ 参见程抱一：《中国诗画语言研究》，涂卫群译，江苏人民出版社 2006 年版，第 83 页。

秋天之红艳。李贺的《老夫采玉歌》："夜雨冈头食蓁子，杜鹃口血老夫泪。蓝溪之水厌生人，身死千年恨溪水。"讲的是采玉老人的悲苦，风雨之夜只能吞食榛子，稍一不慎还要被溪水吞没，所以用杜鹃所啼之血比喻采玉老人的悲苦的眼泪。"杜鹃口血老夫泪"中的两个意象就是靠"比"的手法联接起来的。

利用对偶手法组织意象的比如杜甫《登高》中的"无边落木萧萧下，不尽长江滚滚来"，上句着眼于空间的广阔寂寥，下句着眼于时间的绵远悠长。两句意象用对偶手法连接，呈现出磅礴的气势，有力地抒发了作者感叹韶光易逝壮志难酬的悲凉情怀，无怪乎前人把它誉为"古今独步"的"句中化境"。类似这种意象组合是汉语诗歌的特点，也是翻译的难点。

**4. 诗歌意象生成、组合的目标是创造意境**

蒋孔阳先生曾把唐诗的审美特征概括为精神美、建筑美、音乐美、个性美、意境美五个方面，实际上这也是优秀的中国古代诗歌的共同特征。① 其中与意象关系最为密切的是意境美。

意境说是中国特有的诗歌美学思想，肇始于唐代，经过历代的发展，近代学者王国维使这一理论臻于完善。他说：

> 词以境界为最上。有境界则自成高格，自有名句。②
>
> 有有我之境，有无我之境。③
>
> 有我之境，以我观物，故物皆著我之色彩；无我之境，以物观物，故不知何者为我，何者为物。④
>
> 境非独谓景物也，感情亦人心中之境界。故能写真景物、真感情者谓之有境界，否则谓之无境界。⑤

意境是情与景、主观与客观、物与我结合交融形成的抒情艺术氛围。自古以来，意境就是诗人们追求的一种至高的艺术境界，是华夏抒情文学审美理想

① 参见蒋孔阳：《唐诗的审美特征》，载《文史知识》1985 年第 10 期。
② 王国维：《人间词话新注》，齐鲁书社 1986 年版，第 33 页。
③ 王国维：《人间词话新注》，齐鲁书社 1986 年版，第 36 页。
④ 王国维：《人间词话新注》，齐鲁书社 1986 年版，第 36 页。
⑤ 王国维：《人间词话新注》，齐鲁书社 1986 年版，第 39 页。

的集中体现。

此外，意境的形成还有一个重要原因，那就是唐代司空图所谓的“韵外之致，味外之旨”，“象外之象”。这种“韵味”之说，是指一首诗不仅有表象的含意，还有更深层、更含蓄的旨趣和韵味，构成一个意蕴丰富而耐人寻味的意境，这样的诗才是一首能引起人们审美愉悦的好诗。如陈子昂的《登幽州台歌》：“前不见古人，后不见来者。念天地之悠悠，独怆然而涕下。”前两句说的是时空的无穷，直接引出“念天地之悠悠”的感触，于是生发出“独怆然而涕下”的伤怀之情。这种孤独悲怆的意境，透露出的是“生不得志”、“壮志难酬”的复杂心情。

通过上述分析我们看到：（1）意境是中国古代诗歌所追求的最高艺术境界，是运用所有语言手段所形成的整体的情与境的融合。它由意象升华而来，通常是整首诗，也可以是几句或一个诗句所烘托出的氛围，是由诸多意象融合而成的含蓄而又蕴藉的完整画面；而意象则是诗的最基本的单位，是烘托意境的材料，如果说意境好比一幅画，那么意象就是画中的一朵花；如果说意境好比一座大厦，意象就是成就大厦的砖石。（2）意象是以语言为物质外壳的主客观统一体，是以语词为外在附着物的；而意境是诗歌所表露的感情、情致、韵味、氛围，不具备外部表现形式。（3）意境既是诗人营造的，也是读者创造的，是一个引人想象的艺术世界。也就是说，意境是作者与读者（或译者）共同进行审美创造的产物，是一种“虚”境，偏重于主观感受。因此，对意境的感受或解读会因人而异，正可谓“作者以一致之思，读者各以其情而自得”（王夫之）。朱光潜先生说：

> 欣赏一首诗就是再造一首诗……诗和其他艺术都各有物质和精神两方面，精神就是情景契合的意境，时时刻刻都在“创化”中。创造永不是复演，欣赏也永不会是复演。真正诗的境界是无限的，永远是新鲜的。①

这就为读者和译者提供了再创造的空间。不同的欣赏差异，会创造出不同

① 朱光潜：《朱光潜美学文学论文选集》，湖南人民出版社1980年版，第191页。

的意境来。中国有“诗无达诂”的诗论，西方也有“一千个读者会有一千个哈姆雷特”的说法。显而易见的是，作为诗歌的译者，同时也是读者，由于他们的文学素养、鉴赏水平及生活阅历不同，对原作的意境自然会有不同的理解和感悟，因此，译本之间的差别是巨大的。

## 第四节　意象对于诗歌翻译的重要性

艾略特（Eliot）提出诗人表达思想感情不能像哲学家或技巧不高明的诗人那样直接表达和抒发，而要找到一种“客观对应物”，包括物体、情景、事件、掌故、引语等构成的意象体系来表达。他认为：“诗要透彻到我们看之不见诗，而见着诗欲呈现的东西，诗要透彻到我们在阅读时，心不在诗，而在诗之‘指向’。”①

清代学者刘熙载也说过：“山之精神写不出，以烟霞写之；春之精神写不出，以草树写之。故诗无气象，则精神亦无所寓矣。”“山之精神”、“春之精神”是人对山、春等事物的主观感受，即意，而“烟霞”、“草树”就是为了传递和表现这种意的物象。古代诗人因种种原因不得直抒胸臆时，喜欢把客观事物作为情思伸张的对象：

> 凡交情之冷淡，身世之飘零，皆可于一草一木发之。而发之又必若隐若见，欲露不露，反复缠绵，终不许一语道破。②

诗人借以抒发情感的外在附着物就是意象。

清人叶燮在《原诗》中说：

> 可言之理，人人能言之，又安诗人之言之？可征之事，人人能述之，又安诗人之述之？必有不可言之理，不可述之事，遇之于默会意象之表。而理与事无不灿然于前者也。③

---

① 转引自叶维廉：《中国诗学》，人民文学出版社2006年版，第208页。
② 转引自钟文：《诗美艺术》，四川人民出版社1984年版，第53页。
③ 转引自顾祖钊：《文学原理新释》，人民文学出版社2000年版，第120页。

即诗是意象的艺术，诗要用意象说话，让意象承担诗情的表达。而对于诗歌译者来说，“诗情”恰恰是最难翻译的。英国翻译理论家萨瓦里(T. H. Savory)曾就诗歌的翻译引用德纳姆（Denham）的话说：

> 困难在于不仅要把语言译过来，而且还要把诗意译过来，而诗意又是那么微妙的东西，在从一种语言向另一种语言倾注的时候，诗意会全部挥发。如果不在倾注的同时增加进一种新的诗意，那么，译文中除残渣外，将会一无所有。①

由此可见，翻译诗歌固然要考虑节奏、韵律、“以诗译诗”等外在形式问题，要知道“如果以散文译诗，译者便自折一臂，未曾先译，便在情感力度的传达上先输一筹”②。但是最基础的工作是意象的翻译。要使译文能够恰如其分地传达诗情并进行艺术上的再创造，应该以意象的翻译为前提条件。就此我们作些具体分析。

**1. 意象是诗歌反映社会生活的载体**

文艺是社会生活的反映，诗当然不例外，只不过它是一种高度凝练高度集中的语言艺术，需要在有限的篇幅内反映无限宽广的社会内容。钟嵘在《诗品》中说：“若乃春风春鸟，秋月秋蝉，夏云暑雨，冬月祁寒，斯四候之感诸诗者也。嘉会寄诗以亲，离群托诗以怨。至于楚臣去境，汉妾辞宫，或骨横朔野，魂逐飞蓬，或负戈外戍，杀气雄边；塞客衣单，孀闺泪尽；或士有解佩出朝，一去忘返；女有扬蛾入宠，再盼倾国。凡斯种种，感荡心灵，非陈诗何以展其义？非长歌何以骋其情?”白居易也明确表述过：“文章会为时而着，歌诗会为事而作”。可见，社会人生正是诗要反映的主要内容。从《诗经》开始，中国诗歌的现实主义传统延续至今，反映社会现实的诗人和佳作不胜枚举。比如杜甫的“三吏”（《新安吏》、《潼关吏》、《石壕吏》），“三别”（《新婚别》、《垂老别》、《无家别》），《羌村三首》等诗篇用丰富的意象反映了唐代安史之乱时无穷的徭役、横征暴敛、残酷的战乱给人民带来的痛苦和涂炭。英国有诗人这样谈到诗的特征，诗是“一颗沙里看出一个世界，一颗野花里

① 廖七一：《当代英国翻译理论》，湖北教育出版社2004年版，第63页。

② 廖七一：《当代英国翻译理论》，湖北教育出版社2004年版，第63页。

看到一个天堂，把无限放在你的手掌上，永恒在一刹那收藏”。这句话很贴切地说明了诗歌是一种高度浓缩的反映社会现实的艺术，而这个作用恰恰是通过意象实现的。

**2. 意象是诗人表达情感的载体**

诗歌是最富于情感的体裁。情感是诗的基本元素，如果诗意是诗歌的灵魂的话，那么情感便是构成诗的肌体的血肉。[①]《毛诗序》中说诗是“情动于中而形于言”；陆机在《文赋》中提出的“诗缘情而绮靡”对后世诗坛产生了深远的影响。刘勰在《文心雕龙》中提出：“诗人什篇，为情而造文”，又说：“故情者，文之经，辞者，理之纬。”他还批评汉赋“心非郁陶”、“为文而造情”。唐代诗人就是高扬着“诗缘情”的旗帜，开创了中国抒情诗灿烂辉煌的新时代。[②] 白居易则把“情”视为诗的根本，他曾说：“感人心者，莫先于情，莫始于言，莫切于声，莫深入义。诗者：根情，苗言，华声，实义。”“大凡人之感于事，则必动于情，然后兴于嗟叹，发于吟咏，而形于歌诗矣。”清代王夫之则说：“诗以道情……情之所至，诗无不至，诗之所至，情亦之至。”这都说明，情感是诗的生命，抒情是诗的专长。[③]

诗的情感本质观在西方也同样流行，德国启蒙运动批评家赫尔德认为诗歌的本质同它的“抒情意味”分不开；英国浪漫主义诗人华兹华斯在《抒情歌谣 1800 年版序言》里说：“一起好诗都是强烈情感的自然流露。”拜伦则反复强调：“诗是激情的表现。”[④] 高尔基也曾称诗为“心灵的歌”。对于诗歌而言，情感就是它的生命和血脉，没有情感的人成不了大诗人，寡情薄义的人也无论如何不能领略诗的美。

一首好诗必须饱含着动人的感情，诗情越深，诗味越浓。而感情的表达要借助意象这个载体，意象就是主观情意与客观事物交流互感产生的饱含着情意的物象、事象，是诗人想象性创造活动的“感性”结晶体。比如杜甫在公元 763 年流亡梓州时写的《闻官军收河南河北》。这年正月，史思明的儿子史朝义兵败自缢，官军收复河南河北，延续七年的安史之乱终于平定。听到这一喜

① 参见顾祖钊：《文学原理新释》，人民文学出版社 2000 年版，第 163 页。
② 参见顾祖钊：《文学原理新释》，人民文学出版社 2000 年版，第 29 页。
③ 参见童庆炳：《中国古代心理诗学与美学》，中华书局 1992 年版，第 247 页。
④ 顾祖钊：《文学原理新释》，人民文学出版社 2000 年版，第 30 页。

讯，杜甫心绪难平，欣然写道：

剑外忽传收蓟北，初闻涕泪满衣裳。
却看妻子愁何在，漫卷诗书喜欲狂。
白日放歌须纵酒，青春作伴好还乡。
即从巴峡穿巫峡，便下襄阳向洛阳。

诗的前两句叙事，后面抒情，诗人用自己及妻子欣喜若狂及归心似箭的意象表达了诗人喜悦欢快的炽烈感情。

再比如杜甫的《春夜喜雨》：

好雨知时节，当春乃发生。
随风潜入夜，润物细无声。
野径云俱黑，江船火独明。
晓看红湿处，花重锦官城。

这是用诗刻画雨景，抒写内心喜悦的名作。我们看到这样的场景：宝贵的春雨淅淅沥沥地随风落下，无声地滋润着干涸的田地。漆黑的雨夜只有江船的灯火在闪烁。由于雨水的滋润，等到天明看到的是满城湿漉漉的花朵。这首诗作者没有直抒胸臆，而是借景抒情，形成了鲜活的情景交融的意象。

我们常说的所谓“诗意”其实就是诗歌中涵蕴的思想和丰富的感情，如果翻译时把意象传递到位，那么原诗浓郁的诗意也就喷薄而出了。当然，这只是我们的美好愿望，翻译是一个复杂的过程，在具体的操作中要受到各种因素的制约，“诗意”的转换谈何容易，我们会在以后的章节中详细阐述。

**3. 意象是体现诗人风格的载体**

袁行霈先生在《李杜诗歌的风格与意象》中说：“诗的意象带有强烈的个性特点，最能见出诗人的风格。诗人有没有独特的风格，在很大程度上取决于是否建立了他个人的意象群。”①

---

① 袁行霈：《中国诗歌艺术研究》，北京大学出版社 1987 年版，第 242 页。

读诗或译诗时常是通过诗人惯用的意象来理解诗意，把握诗人风格，又透过对诗人风格的认识进而体味诗的意境和韵味。意象是洞悉诗人风格的重要路径。

晋、宋诗人陶渊明被钟嵘称为“隐逸诗人之宗”，自然恬淡是他的风格。酒、菊、农事是陶渊明常用的意象，这与他归隐田园的生活相关，而且也形成了他的诗作风格。有人说陶渊明每篇都离不开酒，这虽有所夸大，但多数诗篇都写到酒是真实的。从心情上看，忧愁时要饮酒浇愁：“酒能去百虑，菊解制颓令，如何蓬庐士，空视时运倾。”高兴时更要饮酒：“园蔬有余滋，旧各犹储今。营已良有极，过足非所钦。春秫作美酒，酒熟我自斟。”从饮酒的场合看，与友人欢聚时要饮酒：“日入相与归，壶浆劳近邻。长吟掩柴门，聊为陇亩民。”更多的是自己自斟自饮：“有酒有酒，閒饮东窗；原言怀人，舟车靡从。”从饮酒的用意看，为了避祸自保，以酒醉为遁词：“一士长独醉，一夫终年醒；醉醒还相笑，发言各不领。”“但恨多谬误，吾当恕醉人。”饮酒成为陶渊明生活特别是归隐后的重要内容，也成为他诗作中的重要意象。

至于“菊”更是陶渊明的突出意象。“芳菊开林耀，青松冠岩列”把芳菊与青松并列，喻高洁之士。“采菊东篱下，悠然见南山。山气日夕佳，飞鸟相与还”是陶渊明代表作《饮酒二十首》中的诗句，诗中用丰富的意象表现诗人对恬适田园生活的满足，以及远离官场喧嚣的自得心情，特别是“采菊”两句更成为千古名句。

可见，风格明显的诗人不但有自己个性鲜明的意象群，而且意象的运用和组合也各有特点。因此，意象是突现诗人风格的重要载体。

## 第五节　小　结

我们从中外古今考察了意象的沿革情况，界定了意象的内涵和外延，考察了意象在诗歌创作和翻译中所占的重要地位。由此可见，第一，在翻译中国古典诗词时，抓住并参透每首诗的意象就能理解诗歌所要传达的诗意、诗情以及营造的意境，从而有利于抓住译诗的主要矛盾，为创造性地译出一首好诗提供必要的条件；第二，既然意象转换在译诗中具有如此举足轻重的地位，那么我们以此为切入点研究中国古典诗词翻译中的有关问题也就易于达到预期的目的。

# 第二章　从格式塔心理学之整体性原则探意象转换

## 第一节　意象的本质是诗人心理世界的符号化投射

诗和音乐、绘画、雕塑以及舞蹈一样，都属于“艺术”的一种，一首好诗给人的震撼不啻于一件上等的艺术品，而一切艺术品都是人类在心灵最活跃的状态下创造出来的产物，其本质是要再现作者丰富的内心世界。诗歌同样如此，它再现的是诗人复杂的不可名状的心灵画面，是诗人的“思想凝结物”。

那么意象又起什么作用呢？试想假如诗人只是反复用“愁苦”、“哀伤”亦或“欢乐”、“喜悦”等词语展现自己的内心世界，读者能否与他同喜或同悲？倘若换种方式来表达呢？李后主在《虞美人》中吟道：“问君能有几多愁？恰似一江春水向东流。”形象地用水之多来表现强烈的、绵绵不尽的愁思；秦观在《江城子》中说：“便做春江都是泪，流不尽许多愁。”愁变为可以放在江中，顺水漂流的东西；李清照在《点绛唇》中说：“愁肠一寸愁千缕。”愁变成了可以丈量可以看到但难以计数的有形体；苏轼在《虞美人》中说：“只载一船离恨向西州”，李清照在《武陵春》中说：“只恐双溪舴艋舟，载不动许多愁。”“恨”、“愁”不但可随水而流，并且成为了可以用船来载的重物。董解元《西厢记诸宫调》中的《仙吕·点绛唇缠令·尾》云：“休问离愁轻重，向个马儿上驮也驮不动”，则把愁驮在马背上。王实甫《西厢记》杂剧《正宫·端正好·收尾》云：“遍人间烦恼填胸臆，量这些大小车儿如何载得起”，把愁装在车子上。再如，李煜以春草的迢迢不断，绵绵无绝做比，写下“离恨恰似春草，更行更远还生”（《清平乐》）；秦观以海喻愁：“飞红万点愁如海”（《千秋岁》）；贺铸之的“试问闲愁都几许？一川烟草，满城风絮，梅子黄时雨”（《青玉案》），连用三喻，使“愁”的气势更加猛烈。如此种种的表述使“愁”、“恨”不再是一种缥缈的不易捕捉的情绪，它找到了自己的附着物，变成了有形的滔滔不尽的春水或可以称重的、可以用车船装载或用马驮的有形体，这样的表达在读者心中掀起的波澜是不言而喻的。“春水东流”、“载……愁”、“一段愁”等就是诗中的意象，表面上看是语词或句子，实际上是诗人心灵律动的外现，是人类心理世界的符号化投射物，那些语词不过是些物质符号系统，是内在心绪的“着力点”、“附着物”，诗人正是借助意象来再现内心世界，诗歌也因为有了意象而成为“灵魂和肉体的统一体”。

为什么要强调意象的主观方面呢？因为，对译者而言，一首诗字面上表现为词语的连缀，从诗人思维的角度看则是意象的组合。译者不能简单地把意象等同于语词，语词是静态的，而意象是动态的，在意象最终成型为一个个语词或诗句前，诗人的脑海中其实经历过复杂的思维运动。一首诗的外在物质形式是语词的连缀，但其实是体现了一种意念的流动，体现了意象这种语音和谐、韵律和节奏优美的“心灵活动的产品”的组合。

我们说意象是动态的，更确切地说，意象是在经历了三个阶段的思维运动后最终以语词为媒介呈现在我们面前的。第一个阶段是对外物进行感知，此时客观事物的感性映像在头脑中留下某种痕迹，亦或外物对主体进行临时刺激，来自客观物象的映像构成意象的基础。诗人在外物的触发之下，产生无尽的联想，形成活跃的“内心意象”。但这还不是诗人所要表达的那种审美意象，只是些模糊而不确定的“虚”象。第二个阶段是对外物或内心形成的“虚”象进行美学观照。朱光潜先生说过：

> 美不仅在物，亦不仅在心，它在心与物的关系上面。世间并没有天生自在、俯拾即是的美，凡是美都要经过心灵的创造……美是创造出来的，它是艺术的特质，自然中无所谓美。在觉自然为美时，自然就已告成表现情趣的意象，就已是艺术。①

诗人在生活体验的基础上，对过去所感知的事物映象进行选择、排列、组

① 朱光潜：《文艺心理学》，复旦大学出版社2005年版，第28页。

合，伴随主体的审美情志并依照美的规律对种种感性映像进行转化，此时诗人头脑中进行的其实是意象思维运动，也是创造美的过程。主体心灵上的诸多因素在这个过程中投射到感性映像上，“随物宛转”，“心与徘徊”，不同的人对相同的感性映像有着不同的加工、剪裁：

> 比如欣赏一棵古松，古松在成为欣赏对象时，决不是一堆无所表现的物质，它一定变成一种表现特殊情趣的意象或形象。这种形象不是一件天生自在，一成不变的东西。如果它是这样，则无数欣赏者所见到的形象必定相同。但实际上甲与乙同在欣赏古松，所见到的形象却甲是甲，乙是乙，如果两人同时把它画出，结果是两幅不同的图画。可知各人所欣赏到的古松的形象其实是各人所创造的艺术品，它有艺术品常具的个性，因为它是各人临时临境的性格和情趣的表现。古松好比一部词典，各人在这部词典里选择一部分词出来，表现出他所特有的情思，于是有诗，这诗就是各人所见的古松的形象，你和我都觉得这棵古松美，但是它何以美？你和我所见到的却各不相同。一切自然风景都可以作如是观。陶潜在“悠然见南山”时，杜甫在见到“造化钟神秀，阴阳割昏晓”时，李白在觉得“相看两不厌，只有敬亭山”时，辛弃疾在想到“我见青山多妩媚，青山见我应如是”时，都觉得山美，但山在他们心中所引起的意象和所表现的情趣都是特殊的，……一片自然风景就是一种心境。①

这时，浸染着浓郁的情感色彩的映像，在诗人的头脑中不断浮现、变幻、升腾，最终成为饱含主体思想、意趣的审美意象。这个过程也可以用朱光潜先生的另一段话来解释：

> 诗对于人生世相必有取舍，有剪裁，有取舍剪裁就必有创造，必有作者的性格和情趣的浸润渗透。诗必有所本，本于自然；亦必有所创，创为艺术。自然与艺术媾和，结果乃在实际的人生世相之上，另

---

① 朱光潜：《无言之美》，北京大学出版社 2005 年版，第 28 页。

> 建立一个宇宙，正犹如织丝缕为锦绣，凿顽石为雕刻，非全是空中楼阁，亦非全是依样画葫芦。诗与实际的人生世相之关系，妙处惟在不即不离。唯其“不离”，所以有真实感；唯其“不即”，所以新鲜有趣。①

但这一思维运动还需要以某种物态化的形式固定下来，才能最终为人所感知。第三个阶段就是诗人内在意象的审美物化过程。诗人用文字、节奏和韵律等物质载体将内心的一幅幅画面定格在诗中，把所感受到的一切牵引到心外的世界，使之转化成可见的形式与人共享。要将心灵世界再现出来，必须借助语言，语言是把诗人的审美体验、艺术构思、情趣气韵等表现出来的媒介。诗人所要表达的情感不管有多么深邃、奇妙，没有语言这一载体，就没有生存的土壤。所以诗人们总是致力于传达技巧的磨炼，总是追求语言能够充分达意，能够将审美意象通过语言文字纤毫不漏地显现出来，达到“语不惊人死不休”。

由此可见，译者虽然面对的是文字，但文字不过是作者心理世界的符号化投射物，它是复杂的意象思维运动的产物，因此，我们有必要超越语言的界限去探求意象产生的心理轨迹，也就是去探寻诗人的心理世界，这样得出的译文才不会流于肤浅的文字对译或背离诗人的原意。译诗的过程归根结底是译者与诗人心灵互动的过程，是译者探寻甚至还原诗人心理活动的过程。

## 第二节　诗歌翻译中意象转换的原则

诗歌意象体现诗人脑海中曾经进行过的复杂的思维运动，语词就是意象的附着物，是诗人用来倾诉“内在之意”的“实”象，译者则是根据一个个“实”象来试图还原诗人当初的“内在之意”。机械地照搬词语不可能得到优秀的译文，译者必须意识到，翻译的过程其实是和诗人思想融合的过程，译者不能站在旁观者的角度，而应“跳”进诗里去，去深入体察作者的心，把握诗人心灵的律动，抓住他也许转瞬即逝的那一点点思绪，与他同悲或同喜，才

---

① 朱光潜：《诗论》，广西师范大学出版社2004年版，第34页。

可能使译文同样打动译文读者。

那么，优秀的诗歌译者又是怎样抓住诗人的"内在之意"呢？运用格式塔心理学的理论分析，从意象的角度而言，主要是处理好三方面的关系：（1）在把握诗词的整体性前提下，理清意象链，保持作者思维的连续性；（2）抓住核心意象——原文的格式塔质；（3）挖掘深层意蕴。

在此基础上形成了诗歌翻译中意象转换的基本原则。

**1. 格式塔心理学之整体性原则**

格式塔心理学（Gestalt psychology）又译做完形主义（Gestaltism），是西方现代心理学的主要流派之一，倡导者是德国法兰克福大学的三位年轻教师韦特默、苛勒和考夫卡。1912 年，他们于法兰克福大学实验室最终建成其基本理论，并创立了完形心理学派（Gestalt school）。完形心理学派提出知觉整体论，这种理论注重整体性。经过种种实验，该流派证明知觉并不是各种感觉要素的复合，知觉并不是先感知到个别部分再注意到整体，而是先感知到整体的现象，而后才注意到构成整体的各个成分。

因此，格式塔心理学家主张研究心理现象的整体（whole），即德文 Gestalt 一词，音译为格式塔，意译为完形。他们以此作为自己理论的出发点，宣称心理现象最基本的特征是在意识经验中所显现的结构性或整体性，认为整体并不等于部分之和，而是大于部分之和，意识经验不等于感觉和感情等元素的总和，思维也不是观念的简单联结，形式和关系可以形成一种新的质，即"格式塔质"。"格式塔质"不属于任何具体的部分，却可以涵盖各个部分，并且赋予它们新的含义。

通俗地说格式塔（Gestalt）就是知觉的最终结果，即经验的整体，该整体并非各部分简单之相加或随意之组合，而是超越局部成分相加的新的结构体。举例来说，在日常生活中我们习惯于认为，事物整体的特性来源于各个部分的叠加或综合。如人体是由 206 块骨头、肌肉、血脉等部分构成的，但如果我们将这些东西堆放在一起，并不能得到一个有思想、有情感的人。人体由一系列局部因素组成，但人作为整体的生命属性明显大于一系列元素的简单相加。再比如一首乐曲，其质的规定性，并不在于一个个有一定音准的音符简单相加，而是各个音符之间组成的相互关系以及由这些关系进一步组成的一个个连续的过程。作为乐曲的质，是一种音响之外的东西，一种经过大脑整合后的东西，是物理性质的音响在人心中有组织的呈现。

考夫卡曾指出，任何艺术品都是一种独特的“完形”，这种“完形”的最典型和最突出的特征，是它自身具有种种固有的“吸引力”或“需求”，它使我们作出反应并不是因为它恰好满足我们某种要求或欲望，而是它自身结构中所具有的某种区别于其他任何事物的独特性质。以一张面孔为例，如果它具有“美”的性质，便“要求”我们去赞赏它；如果它具有痛苦的表情，便“要求”我们去同情它；但当我们试图弄清究竟面孔的哪一部分发出了这种要求时，我们就会发现，无论哪一部分都不会发出这种“要求”，因为这种“要求”是由面孔的整体结构决定的，不管它的哪一部分发生了变化，这种“要求”便会立即改变。一张仁慈的脸，假如将它的嘴角部分改动得有点下垂，其仁慈的表情便立即变为虚伪的做作，从而由使人喜爱变为使人厌恶。考夫卡指出，艺术作品就是这样一种类似面孔的完形，它有自身特有的紧凑连贯的结构。

**2. 原文的格式塔质——核心意象**

格式塔心理学的整体性原则有助于我们说明诗歌中单个意象和整体的关系。意象仿佛诗的音符，单个意象或意象的简单相加是不能成诗的。诗人的思绪就像一条无形的纽带把零散的意象串联起来，表达相近情感的单个意象组成意象丛，意象丛之间亦呈链式连接，一首诗可以有几个呈链式连接的意象丛，也可以只有一个意象丛；意象丛内的意象亦呈链式连接，构成意象链；意象丛进行有机排列组合，构成一个庞大的意象系统，意象系统最终呈现的整体气质即古人常说的“神韵”、“意境”，也就是“格式塔质”。

比如杜甫的《孤雁》：

孤雁不饮啄，飞鸣声念群。
谁怜一片影，相失万重云？
望尽似犹见，哀多如更闻。
野鸦无意绪，鸣噪自纷纷。

这首诗中可以分出两个意象丛：第一个意象丛以孤雁为中心，再现出孤雁由于亲朋离散而痛苦地望尽天际，呼号声声的场景，即孤雁—不饮啄—飞鸣—

念群—望尽—哀多；第二个意象丛衬托出孤雁的形只影单，孤苦伶仃，不为群鸦理解，即一片影—万重云—无意绪—鸣噪；两组意象丛构成一个庞大的意象系统，互相映衬，使我们看到一幅孤单困苦的离群之雁不停地飞鸣，呼号，思念故友的悲凄画面。该诗是托物言志，整个意象系统烘托出的整体气质即格式塔质就是孤雁的孤独、哀伤、思群。

再以李白的《北风行》为例：

烛龙栖寒门，光耀犹旦开。
日月照之何不及此，唯有北风号怒天上来。
燕山雪花大如席，片片吹落轩辕台。
幽州思妇十二月，停歌罢笑双蛾摧。
倚门望行人，念君长城苦寒良可哀。
别时提剑救边去，遗此虎文金鞞靫。
中有一双白羽箭，蜘蛛结网生尘埃。
箭空在，人今战死不复回。
不忍见此物，焚之已成灰。
黄河捧土尚可塞，北风雨雪恨难裁。

我们试用以下图表来揭示全诗的意象系统：

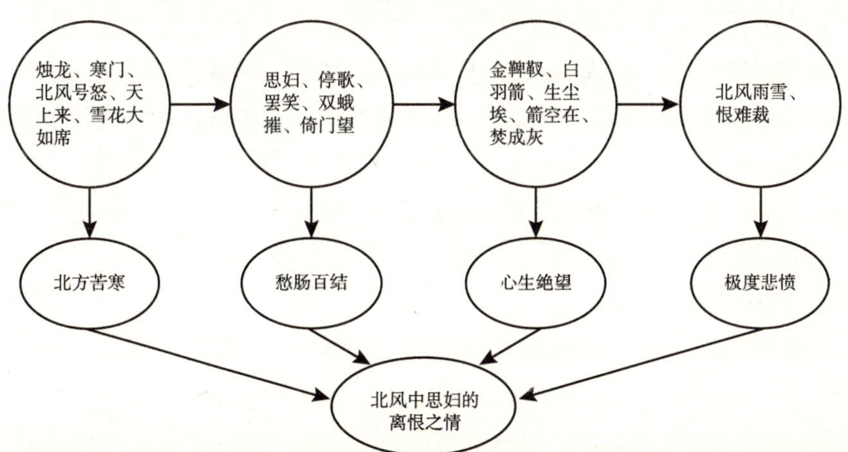

我们看到，全诗可分为四个意象丛，每个意象丛中的意象呈链式连接，意象丛之间亦呈链式连接。第一个意象丛着手刻画北方的苦寒，极尽北方凛冽之形容；第二个意象丛塑造了一个忧心忡忡、愁肠百结的思妇形象；第三个意象丛呈现了一个满目凄凉的景象，刻画了思妇将种种离愁别恨、忧思悬想统统化为极端痛苦的绝望心情；第四个意象丛鲜明地烘托出思妇愁恨的深广和她悲愤得不能自已的强烈感情。几个意象丛构成的大系统有机地结合在一起，有力地烘托出悲凉的气氛，形成一个整体的格式塔质：北风中思妇深切的悲愤离恨之情。

又如马致远的《天净沙·秋思》：

> 枯藤老树昏鸦，小桥流水人家，古道西风瘦马。
> 夕阳西下，断肠人在天涯。

如果只是一丛枯藤或一只昏鸦的意象是难以让人感到游子羁旅惆怅的心情的，但老树、寒鸦、枯藤等饥寒败落的意象巧妙搭配在一起形成一个意象链，意象之间互相映照烘托，形成一个羁旅之人在凄凉萧瑟的晚秋气氛中充满思乡之情的整体意象，从而使人产生强烈的心理激荡，更深入地体会远方游子愁苦悲凉的心境，这就是意象系统呈现的格式塔质的力度。

再如王实甫《西厢记·长亭送别》一折中的序曲："碧云天，黄叶地，西风紧，北雁南飞，晓来谁染霜林醉，总是离人泪。"诗人把碧云、黄叶、西风、旅雁、枫叶、离人泪等一系列前人送别诗中的典型意象成功地组织在同一画面之中，让它们在主体心理世界的驱遣驾驭下依次展开，强烈地烘托出整体的格式塔质。诗人的"意"像条无形的纽带使表面似乎彼此孤立的"象"之间产生了深层的内在联系，形成一个完整的网络体系，一个"有机结构体"，其中的每一个成分都不能离开这个结构体而单独存在，前人所说的"峰断云连"、"词断意属"意即在此。

对译者而言，理清意象链条意在摸清主体思维的脉络，体会作者内心曾进行过的意象思维运动，关注意象作为一个系统所传达的超于自身的"格式塔质"，力求从意象的组合中挖掘出整篇诗句的气韵和神采。为方便翻译上的操作，我们把诗歌意象体系烘托出的这种整体性的诗意、诗情、诗韵（格式塔质）

叫做核心意象。一篇译作由于节奏韵律以及语词对应方面的种种障碍不可能面面俱到地再现原诗中的所有意象，而且也不应拘泥于表面上可见可解的单个意象，但对核心意象—格式塔质的把握不应有所偏离，主要的意象链条不应中断。

美国学者托尔曼（H. C. Tolman）把译者阅读理解原文的过程，比做画家落笔前的构思过程。画家只有知道自己要画什么，才会动手去画。他不会随便去画一丛灌木，然后再画一棵树，接着再画一块石头，而是头脑里首先有了整幅风景画的轮廓，心领神会，然后才动手去画。[①] 对译者而言，整幅风景画的轮廓应该就是我们在这里叫做核心意象的原诗的整体诗情、诗意、诗韵。

**3. 意象系统的深层意蕴**

诗歌的意象系统是诗歌直接呈现给我们的东西，意象系统最终呈现的整体气质是"格式塔质"。我们是否能再往深入探究诗歌"格式塔"背后的意蕴和内容呢？黑格尔把"直接呈现给我们的东西"称为"外在形状"，认为它的作用是"能指引到一种意蕴"，而"意蕴"是一种内在的东西，"一种内在的生气、情感、灵魂、风骨和精神"[②]。中国古代诗人往往通过自己的作品寄寓深层的思想意蕴和精神品格，如"疏影横斜水清浅，暗香浮动月黄昏"两句诗的字面意义不难理解，但其精髓并不在此，诗人是借梅花来暗喻自己高洁的品格。

中国古典诗词中常有蕴含丰富的文学语言指引我们关注"里面的骨髓"，象"花"、"鸟"、"春天"、"冬天"、"风"等，虽然表面上与普通言语一样，但实际上已被赋予不同寻常的心理内涵。杜甫的"感时花溅泪，恨别鸟惊心"中的"花"和"鸟"，已被伤感的、悲戚的心情所浸染，人们仿佛可以"拧出情感的汁液来"。诗人写诗不是把情感如竹筒倒豆子，一倒见底。他或是欲言又止，让读者自己去"猜想"补充，或是将真实的情感思想隐藏在语言的面纱下，通过创造意象来表达经过升华的情感和思想。意象是经过诗人心灵作用的产物，是诗人内在生命的一部分，而直接呈现在读者面前的是其具体可感的载体—语言外壳，躲在文字下面的就是意象的深层意蕴，如果其内在意蕴具有挖掘不尽的诱惑力，那么这首诗就能让人反复玩味，百读不厌。朱熹曾把文学作品分为"外面的皮壳"和"里面的骨髓"。那么，节奏、韵律、意象的字面意义就是"外面的皮壳"；而诗歌内在的情趣风骨和精神，作家的知觉、情

① 参见郭建中：《当代美国翻译理论》，湖北教育出版社 1999 年版，第 6 页。

② 童庆炳：《艺术创作与审美心理》，百花文艺出版社 1990 年版，第 273 页。

感、想象等心理体验就是“里面的骨髓”了。

在译诗的过程中，译者和其他读者一样，首先是处在解诗的阶段，也就是在充分理解字面涵义的同时力求透过表层，深入其更为内在的深层结构，探寻诗歌极为丰富的意蕴层，参悟那些超以象外的难言之意。这是一个译者与诗人的心弦发生共振，激发心灵上共鸣的过程，这个过程越激烈，对原诗的领悟就越透彻。然后译者以自己的语言外壳为载体，把共鸣的产物藏于其下，也同诗人一样去启发译文读者透过意象表层去“思而咀之”，领会其深层意蕴。好的译作通常是译者从原诗那里获得了强烈的心理激荡后带着不可遏制的欲望把这种内心体验传输出来的产物，因为透过语言文字的表层意义去竭力体会和感悟作品的深层意蕴的译者往往能捕捉到作品的精髓所在。正如朱熹说：“言语一重又一重，须入深处看，若只见皮肤，便有差错，须深沉方有所得。”苏轼也曾提出过著名的“深观其意”说：“夫诗者，不可以言语求而得，必将深观其意焉。”这都说明，译者只有透过诗词的字面意义去深入捕捉其内在含蕴，探究其艺术精髓，才能“有所得”。

也有许多诗歌作品表面上朴实无华，似信手拈来，不经意而得之，实际上却内涵深厚、意味悠长。译者应能于平淡中见奇崛，于枯槁中见膏腴。

## 第三节　意象的转换是译者与诗人的心灵互动

译者在翻译实践中需要在把握原诗整体性的基础上理清意象组合的情况，掌握核心意象，挖掘意象中所包含的深层意蕴，从而能表情达意传神地实现意象转换。那么这是一个怎样的思维运动过程呢？如何才能做到这一点呢？

先从诗歌创作活动来说，作为创作主体的诗人所要表达的是一种审美情感。

> 所谓“审美情感”，是指作家艺术家在生活体验的基础上，对过去的体验进行了沉思、玩味、梳理和加工，从而净化和升华了的“第二度情感”。①

---

① 童庆炳：《艺术创作与审美心理》，百花文艺出版社1990年版，第131页。

英国美学家科林伍德在他的《艺术原理》中提到，艺术家所尝试去做的，是要表达一种他所“体会过的感情”。这都说明，尽管诗人运用的表现方式和手法多种多样，千变万化，就像蝴蝶没有固定的住所和明确的飞行方向一样，但所有这一切，都是为了传达和表现诗人的情感，即王夫之所说的“总为情止”。“情者文之经”，这句话适用于一切艺术，对诗歌尤其如此。“大凡人之感于事，则必动于情；然后兴于嗟叹，发于吟咏，而形于歌诗矣。”（白居易）诗是诗人对情感感受的直接倾诉，即使是对客观生活的描写，也须经过诗人主观情感的淘洗、酿造和升华，诗中的物与景是被诗人的性格、情感、思想渗透过的物与景，通体流贯着诗人脉脉的情意。

情感的血液输入诗歌的脉管后，一切都带上了情感的颜色。朱光潜把这种心理活动叫做“移情作用”，他说：

> “移情作用”是把自己的情感移到外物身上去，仿佛觉得外物也有同样的情感……自己在欢喜时，大地山河都在扬眉带笑；自己在悲伤时，风云花鸟都在叹气凝愁。惜别时蜡烛可以垂泪，兴到时青山亦觉点头。柳絮有时“轻狂”，晚峰有时“清苦”。陶渊明何以爱菊呢？因为他在傲霜残枝中见出孤臣的劲节；林和靖何以爱梅呢？因为他在暗香疏影中见出隐者的高标。①

千百年来那些脍炙人口的优秀诗篇无一不是靠人性的情感来打动读者，美国现代美学家苏珊·朗格说过，所谓艺术品，“说到底也就是情感的表现”②，“艺术品是将情感……呈现出来供人观赏的，是由情感转化成的可见的或可听的形式”③。

意象作为诗人心理世界的符号化投射，即是诗人“情动于中而形于言”的产物，其实就是苏珊·朗格所说的“可见的形式”，是诗人表达“第二度情感”的载体。人的情感多种多样，欢乐、哀伤、激奋、低迷等等都可以入诗，所谓人有七情，感兴不一，不同性情有不同诗意的表达。

---

① 朱光潜：《谈美》，广西师范大学出版社2004年版，第15页。

② ［美］苏珊·朗格：《艺术问题》，腾守尧译，中国社会科学出版社1983年版，第12页。

③ ［美］苏珊·朗格：《艺术问题》，腾守尧译，中国社会科学出版社1983年版，第24页。

> 格式塔心理学派就很重视无生命事物所传达的表现性，如季节、山脉、云彩、大海、小溪、枝条、花朵等等，它们在不同条件下变化出来的表象，都传达了人的某种内在的情感、心境，都具有表现性。如中国古人所说的“春山淡冶而如笑，夏山苍翠而如滴，秋山明净而如妆，东山惨澹而如睡”，这是通过大自然的季节的变化与人的内在情感生活的联系，从而沟通了自然与心灵这两个不同的世界，传达出了人的情感生活的跌宕起伏的变化。①

同一物象，由于融入的情意不同，可以创作出多种意象。如：“云”本是一种物象，把独居寂寞之情融进去就构成“孤云”，把凄苦忧郁之情融进去就构成“愁云”，把吉庆欣喜之情融进去就构成“祥云”，把悠然自得之情融进去就构成“闲云”。②

> 审美主体的情感在审美中有主体性，人的情感千变万化，丰富多彩，以不同的情感去欣赏对象，对象就着上不同的色彩。心情好，山欢水笑；心情不好，云惨月愁。③

因此，即使是与作者拥有同源文化的原文读者，如果他不了解诗人创作时的背景及由此赋予诗歌意象的情感，那么他也无法透彻地领悟原诗内涵，何况对于一个处在异域文化背景中的翻译者。

对译者来说，他应意识到，诗歌的翻译归根结底是意象的转换，要小心意象的“情感陷阱”，明白同一意象为不同诗人或不同心境下的同一诗人所采用也可能会有不同蕴含。所谓“物以情观”，就是要求译者以情感的眼光来观赏对象—原文。所以，翻译诗歌的过程对译者来说是一种生命的投入，它要求译者全身心地沉潜到作品之中，尽可能去了解原作者创作时的心态，感同身受地体察诗人的情感脉动，以期把握诗人要借助意象传达的心绪，领悟意象深层蕴藉的情感内涵，直探原品的灵魂深处。意象在译语中若想得到真正的转换离不

---

① 童庆炳：《中国古代心理诗学与美学》，中华书局1992年版，第155页。

② 孙耀煜：《文学理论教程》，人民文学出版社1991版，第158页。

③ 陈望衡：《当代美学原理》，武汉大学出版社2007年版，第66页。

开译者与诗人在情感上产生的共鸣，在心灵上得到的“契合”。意象转换的过程不仅仅是文字对译的过程，更是译者与诗人心灵互动的过程。

张怀瓘在《书断·法书要录》中说过：“深识书者，唯观神采，不见字形……从心者为上，从眼者为下。”所谓从心者为上，就是说译者应该重视原作者想要传达的内在生命结构，不满足于一时的感官愉悦或在作品的表层徜徉，应把审美的触角进一步向作品的灵魂深处延伸，实现对原作意象外观背后那深远悠长的情趣韵味的挖掘。也就是说，译者应进入到作品所描绘的艺术情境之中，将原作的物质外壳转化为内心的视觉形象，设身处地进行审美体验。一旦译者的心灵和原作者的心灵产生深层的契合与共通，译者就会进入一种豁然开朗、心领神会的境界，不仅体味、捕捉到原作微妙至深的情趣和韵味，而且也实现了对作品的“最高灵境”的把握。

真正有诗味和意境的作品，其意象总是意蕴深厚、含而不露、耐人咀嚼、余味无穷的，不可能像一潭清水那样让人一览无余。译者不但要“设身处地”、“验之于身”，而且还要“以心换心”，调动和发挥稳定的注意力、丰富的想象力、细微的艺术体味能力和敏锐的心灵感应能力，全身心、全人格、全灵魂地进入作品之中，最终与诗人的心灵相契相通。

郭沫若谈到诗歌翻译时曾说：

> 诗的生命，全在它那种不可把捉之风韵，所以我想译诗的手腕于直译意译之外，当得有种“风韵译”。……我们相信译诗的手腕决不是在替别人翻字典，决不是如像电报局生在替别人翻电文。诗的生命在它内容的一种音乐的精神。至于俗歌民谣，尤以声律为重。翻译散文诗、自由诗时自当别论，翻译歌谣及格律严峻之作，也只是随随便便地直译一番，这不是艺术家的译品，这只是言语学家的翻译了。我始终相信，译诗于直译、意译之外，还有一种风韵译。字面，意义，风韵，三者均能兼顾，自是上乘。即使字义有失而风韵能传，尚不失为佳品。①

---

① 陈福康：《中国译学理论史稿》，上海外语教育出版社1992年版，第260页。

郭氏所谓“风韵”，应该就是原诗作者想要传达的内在生命结构，原作品的“最高灵境”，所谓“风韵译”其实就是指译者要钻进原诗的灵魂，与诗人达到“神合”，力求揭示原作的整体格式塔质。

我们来看李清照的《武陵春》：

风住尘香花已尽，日晚倦梳头。物是人非事事休，欲语泪先流。
闻说双溪春尚好，也拟泛轻舟，只恐双溪舴艋舟，载不动，许多愁。

这是词人避乱金华时所作。她历尽乱离之苦，所以词情极为悲戚。上片极言眼前景物之不堪，心情之凄苦。下片进一步表现悲愁之深重。全词充满“物是人非事事休”的痛苦，通过暮春景物勾画出内心活动，以舴艋舟载不动愁的意象来表达悲愁之重，新颖奇巧，深沉哀婉。

再看译文：

译文一：

**Весна в Улине**

Ветер не принес душистой пыли.
　　Облетели цветы…
Распустила косы на закате,
　　Жду ночной темноты.
Справедлива лишь одна природа，—
　　Люди лживы насквозь.
Рассказать бы！… Но слова потонут
　　В ливне горестных слез.
В Шуанси весна все хорошеет…
　　Поплыла бы я вдаль，
Да боюсь—на дно потянет лодку，
　　Словно камень，печаль

（перевод Д. Голубкова）

译文二：

Стих ветер наконец-то. И вокруг
В пыли цветы душистые лежат.
Мне не поднять к прическе слабых рук,
Гляжу с тоской на гаснущий закат.

Мир неизменен. Но тебя в нем нет.
Лишь на судьбу осталось мне пенять.
Мешают говорить и видеть свет
Потоки слез, а их нельзя унять.

Как хорошо на Шуанси весной —
О том уже я слышала не раз.
Так, может быть, с попутною волной
По Шуанси отправиться сейчас? …

Но лодке утлой не под силу груз
Меня не покидающей тоски.
От берега отчалю—и, боюсь,
Тотчас же окажусь на дне реки.

（перевод М. Басманова）

读罢两篇译文，我们不难感受到，译文二比译文一的情感表达更细腻，更生动，更打动读者，对原作者的情感脉搏把握得更加到位。显然，第二位译者具有更强的艺术同感力，他和词人的心灵契合程度更深，可以想见，在翻译时，他一定在对原词的咀嚼玩味和反复吟咏中把自己化身为了诗人，他曾充分调动自己的想象力和联想力，曾设身处地地把自己置身于诗人当时情境，曾全身心地去体验、品味、把握词人的情感和意绪。因此，较之第一位译者，他有了深入内里的心灵体验和情感体验，更深切地体会到了作者的心灵律动，与原词所要传达的内在生命达到了相契与共通。

首先，第二位译者对该词的写作背景进行了细心研究，这首词是李清照在心情极其悲苦的情况下写的，当时国破家亡，丈夫死了，珍藏的文物大半散失了，自己也流离异乡，无依无靠。因此才发出物是人非事事休的感叹，而译文一是如何翻译的呢？Справедлива лишь одна природа，— Люди лживы насквозь. 一个лживы（说谎的，虚伪的）破坏了整个译文的基调，读者会费解，只因为Люди лживы，词人就会如此悲伤吗？这让“欲语泪先流”、“载不动，许多愁”都失去了情感的烘托和铺垫。显然，译者没有“设身处地”、“验之于身”，对原作者和作品都缺乏细心的体味和感悟。译文二的转换是Мир неизменен. Но тебя в нем нет. 读者不难理解тебя自然指作者生活中非常重要的人，译者又加进自己的诠释Лишь на судьбу осталось мне пенять. 主要是为了照顾韵律和节奏，但总体基调与全文保持一致。

再如，原词“风住尘香花已尽”，是词人精心选择的意象，避免了从正面描写风之狂暴、花之狼藉，只用土地上还残留些花的芬芳让人想象狂风摧花，落红满地，并用鲜花的零落殆尽烘托自己的悲苦心境，为由风住尘香而触发的物是人非的深沉痛苦作铺垫。译文一Ветер не принес душистой пыли. Облетели цветы…显然未能领悟原作的表达，对“风住尘香”作出误译，让人费解。译文二Стих ветер наконец-то. И вокруг/ В пыли цветы душистые лежат. 则理解了词人要表达的心绪，把难以转换的意象用В пыли цветы душистые лежат译出，基本到位，也可以使读者由物及人，更加理解词人随后倾吐的凄楚之情。

最后，“只恐双溪舴艋舟，载不动许多愁”（怕的是双溪上那蚱蜢般的小船载不动自己内心沉重的哀愁）是创意极其出奇的意象，人们总是把愁怨比做连绵不断的流水，比做斩尽还生的野草，而李清照却另寻了一个新思路，说：自己的愁重得连船都承载不动，又用“也拟”、“只恐”等虚字把自己的思想活动层次清楚地表露了出来，使情感表达更加细腻，对这个意象的转换是至关重要的。译文一Да боюсь—на дно потянет лодку，Словно камень，печаль把愁直接比做камень，包含了载不动的意味，虽然使含蕴蕴藉的意象表露得过于直白，破坏了意境的含蓄美，但单独看起来也可让读者接受，遗憾的是，和译文二并列比较一下，就又败在下风了。译文二Но лодке утлой не под силу груз / Меня не покидающей тоски. / От берега отчалю—и, боюсь, / Тотчас же окажусь на дне реки. 又是诠释型译法，не покидающей меня тоски. Отчалю / Тотчас же окажусь на дне 等是译者通过对作者和原文的“细心体味”获得的感悟，揭示了原文意象背后作者的心灵脉动，把主人公极度的痛苦哀愁表达得淋漓尽致，愁重舟轻的核心意象（格式塔质）把原词推向高潮，在译文中同样成为点睛之笔，极大地增强了译文的感染力。

好的诗歌译者一定是钻进原诗作者灵魂深处、与原诗作者达到“神合”的诗人。翻译家林纾就多次强调，译者应投入自己的主观感情，必须与原作者或原作中人物进行心灵上的交流。钱钟书称赞林纾前期“和他翻译的东西关系密切，甚至感情冲动得暂停那支落纸如飞的笔，腾出工夫来擦眼泪”①。郭沫若也强调译者主观感情的投入。他甚至说，译者需与作者恋爱、结婚，才能译好。

再看一例：

赠 汪 伦

李 白

李白乘舟将欲行，忽闻岸上踏歌声。
桃花潭水深千尺，不及汪伦送我情。

译文一：

**На озере персиковых цветов Ван Луню**

Ли Бо уже в лодке своей сидит,
Отчалить ему пора.

Вдруг слышит—кто-то на берегу
Поет, отбивая такт.

① 陈福康：《中国译学理论史稿》，上海外语教育出版社 1992 年版，第 126 页。

И озера Персиковых Цветов
Бездонной пучины глубь

Не мере для чувства, с каким Ван Лунь
Меня провожает в путь.

（перевод Л.  Эйдлина）

译文二：

Ли Бо ступил на борт челна.
    Вот и попутная волна.
Вдруг—песня…донеслась она
    Под топот скакуна.
Глубины персиковых вод
    Хоть в десять тысяч чи!
Ван Луня дружеское сердце
    Не знает вовсе дна.

（перевод Э. Балашова）

诗人用桃花潭的水深与汪伦对自己的情深作对比。“桃花潭水深千尺，不及汪伦送我情”，看似诗人信笔挥洒、自然天成之语，实则是他用心创造的意象，用水流之深比譬人的感情之深，有了“深千尺”的桃花潭水作参照物，就把无形的情谊化为有形，既形象生动，又耐人寻味。潭水已“深千尺”了，那么汪伦的情谊有多深呢？感情真率自然，可谓“清水出芙蓉，天然去雕饰”。本诗的意象有踏歌声、桃花水，核心意象即形象化的友情。

译文一 И озера Персиковых Цветов / Бездонной пучины глубь / Не мере для чувства, с каким Ван Лунь / Меня провожает в путь. 译文二 Глубины персиковых вод /Хоть в десять тысяч чи! / Ван Луня дружеское сердце / Не знает вовсе дна. 从译文中看出，两个译者都抓住了诗人的心灵律动，理解了作者真挚的情感流露，都对原意象作出比较到位的转换，译文一比较贴近原

文，译文二是译者根据自己的理解作出的创造，虽然翻译的角度不同，但都真切自然地体现了诗人对朋友送别表达的感激之情。

下面再就译者与原作者心灵互动的问题作些具体论述。

## 一、心灵互动的流程

我们先来分析从原作到译作转换的流程。诗人首先感觉到的是客观事物的“象”，然后是昔日的感觉残留所构成的“象”，种种“象”沉淀在主体的知觉经验中，成为意象的基础。诗人在某种情感的驱动下用语言对这些感觉加以描述、加工，得到语言形象（即文本语言所构成的“象”），语言形象进入作为阅读主体的译者大脑并得到还原，进而获得了在译者意识中所激发的“象”。四种“象”，在翻译的全过程中实际上经历了一个作者到作品然后到译者的三级跳。对翻译而言，重要的是“还原”这个环节。诗人在用某种外在的标志有意识地把自己体验过的感情传达给别人，译者是异域国度首先为这些感情所感染的人，他应有能力从一个个可感可触的具象上体会一颗敏感的心，从实在的境界中见出另一个虚拟的境界。比如，在古代送别诗中，常见的意象如：长亭、短亭，阳关、古道，北梁、南浦，芳草、杨柳，明月、夕阳、青灯、美酒，这是实在的境界，是意象的第一个层面；另一个是虚拟境界，躲在第一个层面后，静静地等待另一颗敏感的心灵与它共鸣。不可否认，在这个过程中，译者个性化的情思、修养、气质开始占据主导地位。再比如，“天涯”是古诗中常见的意象，它的表层含义是“天边”，但“夕阳西下，断肠人在天涯”和“相去万余里，各在天一涯”却使我们不能仅仅将其理解成“天边”，诗人为表达天涯游子所特有的“断肠人”的悲凉情绪，他的头脑里一定会像浮云一样也飘荡着过去生活中所感知的游子漂泊的悲凉的映象，当这许多游子映象痕迹再现而与作者自己的情感相交融时，感人的意象就沿着主体情意的指向而产生了。有人读后会伤感自怜，有人会唏嘘感叹，这个时候译者的感受就很重要，他所受的心灵触动直接影响译文读者对原诗的解读。

那么，译者如何才能和诗人有良好的互动呢？首先，译者要有良好的审美感知和审美态度。译者接触诗歌时并不是处于“白板”状态，他总是具备一定的审美感知能力和审美预备情绪，在确定要翻译一首诗时，就是确定了以文艺的审美感知的方式来和作品进行交流。审美态度是翻译过程的一个准备阶段，此时，译者对原作予以审美注意，审美注意是一种积极地进入原作的行为，即调动自己的审美感知能力去充分感受原作，并把主观方面的各种心理因素如情感、想象、意念等透射进去。

其次，译者必须“打开”心扉，去接纳原作，争取最大限度地与原诗作者产生心理上的共鸣，达到“心灵上的契合”。心扉是如何打开的呢？心理学上有个“审美阈”原则，就是指在一般心理意识活动中，审美的刺激必须达到一定的强度，持续一定的时段，才能打开接受者审美心理的“闸门”，获得快乐、愉悦、惊惧或痛苦的感觉。不同的译者面对作为审美对象的原作，有的审美阈容易激发，审美“沸点”比较低，情绪很容易受到感染；有的审美阈较高，不容易激发；有的审美阈启动较慢，但一旦启动，持续时间长，关闭较慢。这是与每个译者的性格、气质和生理禀赋分不开的，也与每个人的艺术修养、审美素质和文化准备分不开。这是译者对原作心理认同的过程，他把自己透射到对象之中，自我似乎完全被忘却，情感、心态和思想完全成了作者的情感、心态和思想。如果没有了这种自居和认同，就永远不可能获得那种与作品息息相通的美妙体验。

## 二、心灵互动的不同结果——对诗歌深层意蕴的不同解读

译者与作者的“心灵契合”是双方心灵互动的结果，不可否认的是，不同译者与同一作者心灵契合的程度是不同的，也就是说，不同译者对原文的解读是不同的。这与译者的心理图式和心理定势有关。译者的心理图式是指在阅读作品之前已先拥有的一种能够接受作品的内在心理结构，这是长期审美实践和艺术熏染的结果，它在译者先前所积累的经验基础上形成，受民族文化传统和生长环境的深刻影响，体现着译者的文化素养。人的心理图式是有选择性的，不喜欢诗歌的人面对再好的作品也难以被激发“审美阈”。这种选择性又必然产生心理活动的比较固定的趋向，即心理定势，它是译者在翻译过程中存在的潜在心理因素，它的形成也是自然地得益于长期的生活和创作体验，是积淀于内心深处的心理和情感资源。心理定势一旦沉淀积聚于译者心理世界，渗入其思维方式之中，译者便会从已有经验角度，对审美对象进行筛选、过滤，将审美客体同化到自己的心理图式之中。他在选择作品时，往往从自己的先天

个性、气质出发选择自己喜爱的文学作品，一个个性豪爽乐观的人可能更偏爱李白的磅礴大气的作品；一个个性忧郁、多愁善感的人可能会更容易与李清照产生共鸣。与诗人的审美情趣、生活阅历和经验越相近的译者，越容易与诗人产生情感上的共鸣和心灵上的“契合”，他能够在第一时间里对诗歌意象作出“突然的理悟”，对意象的“弦外之音”作出敏锐的感知和快速的发现，意象转换的质量也越高。

朱光潜曾以看一颗古松的态度说明不同的人对同一事物可以有不同的看法：

> 比如园里那一颗古松，无论是你是我或是任何人一看到它，都说它是古松。但是你从正面看，我从侧面看，你以幼年人的心境去看，我以中年人的心境去看，这些情境和性格的差异都能影响到所看到的古松的面目。……观赏者的性格和情趣随人随地不同，直觉所得的形象也因而千变万化，比如古松长在园里，看来虽似一件东西，所现的形象却随人随时随地而异。我眼中见到的古松和你眼中所见到的不同，和另一个人所见到的又不同。所以那棵古松……并不是一件唯一无二的固定的东西，我们各人所直觉到的并不是一棵固定的古松，而是它所现的形象。这个形象一半是古松所呈现的，也有一半是观赏者本人当时的性格和情趣而外射出去的。①

也就是说，对事物的看法其实是因人而异，对物的意蕴深浅的领悟和人的情趣、性格及修养密不可分。“比如一朵含露的花，在这个人看来只是一朵平常的花，在那个人看或以为它含泪凝愁，在另一个人看或以为它能象征人生和宇宙的妙谛。”②

对诗歌的看法也是这样，“深人所见于物者亦深，浅人所见于物者亦浅”。就像同样欣赏一颗古松、一座高山或是一湾清水，各人的情趣意志不同，于是各人所得于松、山、水的也不一致。诗歌很少以扣人心弦的情节、栩栩如生的生活实录来吸引人，多以人的精神世界的展示作为自己的内容，因而，一个精

---

① 朱光潜：《文艺心理学》，复旦大学出版社 2005 年版，第 10 页。

② 朱光潜：《谈美》，广西师范大学出版社 2004 年版，第 18 页。

神贫瘠、感情淡泊的人是很少被诗歌打动的，译者的精神世界越丰富，审美心理越敏感，对诗作的领悟力也就越强；另外，随着经验、阅历的丰富对诗歌的感悟也会日益提升。从译者角度而言，同一首诗会在不同译者的内心激起不同的波澜，因为他们的经验不同，生活阅历和艺术阅历以及审美的感受力也千差万别，对诗歌“悟”的功力自然不同，与作者有相同体验或感受的人能与诗人产生最大程度的共鸣，译作往往也最贴近原文。如上所述，译诗的过程其实是译者和诗人的共同运动，译文是他们共同运动中表现出来的程度不同的情感、思想、趣味的契合物。

叶维廉在讨论中国古典诗歌的意象时指出：

> 孟诗和大部分的唐诗中的意象，在一种互立并存的空间关系之下，形成一种气氛，一种环境，一种只唤起某种感受但不加以说明的境界，任读者移入、出现，作一瞬间的停驻，然后融入境中，并参与完成这强烈感受的一瞬之美感经验。中国诗中的意象往往就是以具体的物象（即所谓实境）捕捉这一瞬间的原形。①

对翻译来说，译者就是那个“移入、出现，作一瞬间的停驻”之人，所谓“融入境中”，就是指译者深入到原诗作者的思想，钻进原作者的灵魂深处，与原作者达到“神合”，力求超越文化和语言的障碍，译出原诗的精神和效果。

## 第四节　译例分析

先来看杜甫的《孤雁》：

孤　雁

杜　甫

孤雁不饮啄，飞鸣声念群。

谁怜一片影，相失万重云？

---

① 叶维廉：《寻求跨中西文化的共同文学规律》，北京大学出版社 1987 年版，第 57 页。

望尽似犹见，哀多如更闻。
野鸦无意绪，鸣噪自纷纷。

译文一：

**Одинокий гусь**

Гусь одинокий,
　　мучимый жаждой великой,
Летит и роняет
　　стаю зовущие крики.
Кто посочувствует
　　тени этой летучей?
Потеряли друг друга
　　в нескончаемой туче.
Взор обрывается —
　　всюду мерещится что-то,
Больше отчаянье —
　　явственней шелест полета!
Вон в поле вороны…
　　не связаны мыслью одною,
Только кричат, суетятся
　　беспутной толпою.

（перевод Э. Балашова）

译文二：

**Одинокий дикий гусь**

Дикий гусь одинокий

Не ест и не пьет.

Лишь летает, крича,
В бесприютной печали.

Кто из стаи
Отставшего спутника ждет.

Коль друг друга
Они в облаках потеряли?

Гусю кажется —
Видит он стаю, как встарь.

Гусю кажется —
Где-то откликнулась стая.
А ворона —
Пустая, бездумная тварь —

Только попусту каркает,
В поле летая.

（перевод А. Гитовича）

格式塔质：哀伤，思群。

意象丛：孤雁—不饮啄—飞鸣—念群—望尽—哀多；一片影—万重云。

深层意蕴：诗人在动荡不安的岁月里，流落他乡，亲朋离散，像孤雁一样，无比思念亲人，渴望骨肉团聚，梦想知友重逢。

为更好地说明两个译文的优劣，我们借助以下图表：

译文一的格式塔结构图：

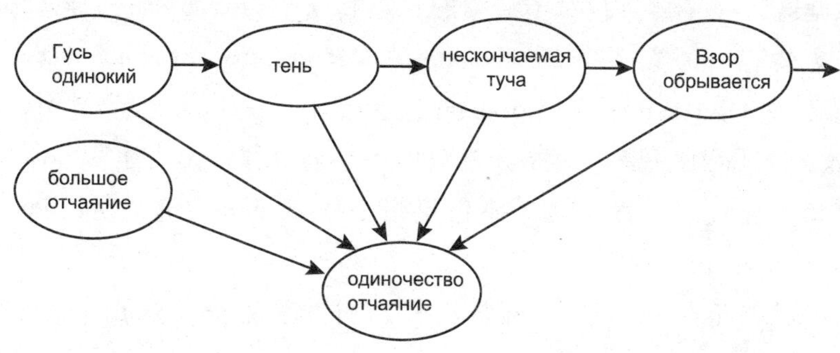


译文二的格式塔结构图：

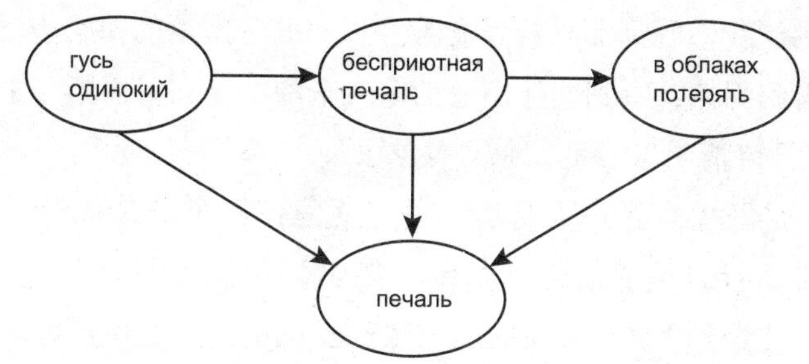


我们看到，译文一和译文二都能推导出与原文相近的格式塔质：孤独、哀伤，但如何分辨译文之间孰优孰劣呢？可以顺着意象链来看。译文一的意象链条相对完整，对原文的关键意象把握得当，而译文二则有所缺失，对核心意象的烘托不如译文一到位，整体气氛不如译文一。再看对具体语句的处理："孤雁不饮啄"译文一的体现是：Гусь одинокий / мучимый жаждой великой，译文二：Дикий гусь одинокий / Не ест и не пьет. 第一个译法没有拘泥于字面表达，而是重在突出孤雁痛苦的心情，这正好说明译者深入地"潜沉"到了原作中，与原作者心灵上产生了良好的互动，体会到了诗人脑海中曾进行过的意象思维运动并与其达到了心意契合与共通，第二个则是对原诗句字面上的诠释，译者未能"深观其意"。

再看"谁怜一片影，相失万重云"。译文一：Кто посочувствует / тени этой летучей? Потеряли друг друга / в нескончаемой туче. 这个译法对原文再现也较到位，тени этой летучей 和 в нескончаемой туче 能够让译文读者体

会到孤雁这“一片影”相对于浩瀚的长空和苍茫的云海来说是多么渺小无助，让人怜惜。译文二：Кто из стаи / Отставшего спутника ждет. Коль друг друга / Они в облаках потеряли？这里把“一片影”译成 отставший спутник，原文意象失落，只是译者对原诗句的解释，无法让读者体会到原诗的意境。况且“谁怜”也并不仅仅指 Кто из стаи，应该是泛指“世间之人”。

再来看“望尽……”、“哀多……”句。译文一：Взор обрывается—всюду мерещится что-то，Больше отчаянье —явственней шелест полета！译文二：Гусю кажется—Видит он стаю，как встарь. Гусю кажется—Где-то откликнулась стая. 译文一的 Взор обрывается ，мерещится 和 Больше отчаянье 仿佛让我们看到那只被思念缠绕，被痛苦煎熬的孤雁望尽天空，哀唤声声，仿佛看到同伴，听到同伴声音的令人辛酸的画面。而第二个译文只用了两个 кажется，诗情明显不足，原文意象丢失。

原诗野鸦的意象实指诗人身边一些“无意绪”的庸俗无聊之人，他们不懂诗人的心境，只是聒噪纷纷，令诗人更感孤独。两个译文均译成 ворона，但译文一对“无意绪”（не связаны мыслью одною）处理得较好，译文二的 тварь（畜生、坏蛋）是译者自己的情绪流露，与原诗意境不符。

经过对比，我们看到，译文一的译者一定是结合了自己的生活经验和感悟，充分调动了想象、联想和情感体验等诸多心理功能，从而较好地把握了诗人的心理轨迹，比较透彻地体会到诗人脑海中进行过的意象思维运动，抓住了诗歌的整体气质风韵—格式塔质，并理清了意象链条的脉络，原诗的深层意蕴得到体现。译文二则丢失部分意象，离原文的意境感觉稍远，更像一个“旁观者”，没有深入到原文主体的内心世界，没有做到“深沉方有所得”。因此，效果逊于译文一。

请再看一例：

沙丘城下寄杜甫

李　白

我来竟何事？高卧沙丘城。
城边有古树，日夕连秋声。

鲁酒不可醉，齐歌空复情。
思君若汶水，浩荡寄南征。

核心意象：思友人

深层意蕴：诗人送别了杜甫，从那种充满着友情与欢乐的生活中，独自一人回到沙丘，自然倍感孤寂，倍觉友谊的可贵。此诗就是抒发了这种情境之下的无法排遣的思念友人之情。

需要强调的是，诗的前六句没有一个“思”字，没有一个“君”字，到结尾才说出“思君”二字让人豁然开朗。我们明白了这个主旨之后，再回过头去细味前六句，便又觉得无一句不是写“思君”之情，而且一联强似一联，以至最后直抒其情。前六句之烟云，都成了后二句之烘托，诗人在从各个角度，用各种感受，为诗的主旨蓄势，同时也赋予那些日常生活以浓郁的情味。

译文一：

**Из города Песчаные Холмы—к Ду Фу**

Как попал сюда —
　　Или с прихоти какой? —
Прямо с облаков
　　В Град Песчаные Холмы.
Слышно за стеной —
　　Древо, что древнее тьмы,
День и ночь шумит,
　　Вечный мне сулит покой.
Луское вино···
　　Пью, но не пьянит оно.
Песни царства Ци···
　　Равнодушен к ним давно.
Думы—волны Вэнь···
　　Все о вас, о вас, мой друг,

Полою водой

Устремляются на юг.

(перевод Э. Балашова)

译文二:

**Посылаю Ду Фу из Шацю**

В конце концов для чего
Я прибыл, мой друг, сюда?

В безделье слоняюсь здесь,
И некому мне помочь.

Без друга и без семьи
Скучаю, как никогда.

А сосны скрипят, скрипят
По-зимнему, день и ночь.

Луское пью вино,
Но пей его хоть весь день —

Не опьяняет оно:
Слабое, милый друг.

И сердце полно тоской,
И, словно река Вэнь,

Безудержно, день и ночь,

Стремится к тебе—на юг.

（перевод А. Гитовича）

诗人对日常生活的描述意在烘托与友人分别后那种孤独乏味之情，普通的物象事象上面都寄寓了作者寂寞的心绪，因此，作者对意象的选择不是信手拈来，任意为之的。比如，“高卧”一方面描写了眼下的生活，一方面把诗人失去了友爱欢快的生活之后复杂、苦闷的感情抒发出来。译文一译成Прямо с облаков…，译文二译成 В безделье слоняюсь здесь，后面又根据自己的理解添了一句 И некому мне помочь. 显然，第一个译文会让读者费解，高卧就是 с облаков 吗？和全文核心意象有什么关系呢？而第二个译者显然理解了原诗主旨，体会到了诗人那种百无聊赖的心情，因此，作出了恰当的诠释。

古树—秋声—鲁酒—齐歌—汶水，也是诗人精心挑选的意象：眼前的沙丘城对于诗人来说，像是别无所见，别无所闻，只有城边的老树，萧瑟的风吹叶动之声，一个人独自喝着薄酒，怎能尽情欢醉？一个人独自聆听齐歌，又如何能安慰寂寞的心情？看似客观景物的描绘，但哪一句不是主观情绪的抒发呢？真是酒也不能消愁，歌也无法忘忧。所以诗人说：我的思君之情犹如这一川浩荡的汶水，日夜不息地紧随着你悠悠南行。诗人寄情于流水，更好地抒发了纯真而深沉的感情，照应诗题，点明主旨，那流水不息、相思不绝的意境，更造成了语尽情长的韵味。可用下图简明表示：

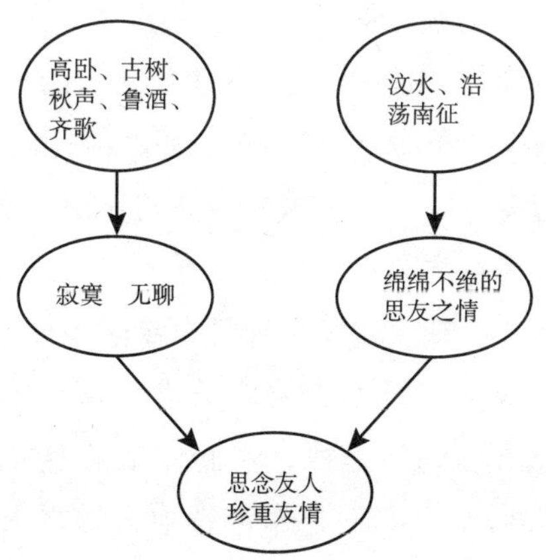

第一个译文对原文的意象在字面上逐一体现：Слышно за стеной－Древо，Луское вино…Песни царства Ци…волны Вэнь．但读来感觉稍显平淡，情感的抒发不够强烈；第二个译文译出 сосны скрипят，Луское пью вино，река Вэнь，虽然独缺“齐歌”，但译者显然读懂了诗人的意绪，感悟到了诗人内在的心灵律动，因此，在为主旨造势、突出核心意象方面略胜一筹。比如，他用 Без друга и без семьи，Скучаю，как никогда．сердце полно тоской，Безудержно，Стремится 等表现方式把诗人强烈的“思君”之情表现得淋漓尽致。

再看辛弃疾的《青玉案·元夕》：

> 东风夜放花千树，更吹落，星如雨。宝马雕车香满路。凤箫声动，玉壶光转，一夜鱼龙舞。
>
> 蛾儿雪柳黄金缕，笑语盈盈暗香去。众里寻他千百度，蓦然回首，那人却在，灯火阑珊处。

这首词的上半阕写元宵之夜的盛况。花千树，指花灯之多如千树开花。星如雨，指焰火纷纷，乱落如雨。星，指焰火。我们仿佛看到一簇簇礼花飞向天空，然后像星雨一样散落下来的壮观的节日场面。华丽的香车宝马在路上来来往往，各式各样的醉人香气弥漫在大街上。箫声如歌，明月皎洁，时光悄悄流转，热闹的夜晚鱼龙形的彩灯在翻腾，真是美不胜收。其中玉壶指的是明月，鱼龙舞指的是舞动鱼形、龙形的彩灯。

下阕仍然在写“元夕”的欢乐，只不过上阕写的是整个场面，下阕写一个具体的人。蛾儿、雪柳、黄金缕皆指古代妇女元宵节时头上佩戴的各种装饰品。观灯的女人们穿着美丽的衣裳，戴着漂亮的首饰，欢天喜地，带着幽香渐渐远去。可是，主人公千百次寻找、等待的那一个人还没有出现。正感到疲惫和失落时，不经意一回首，却发现她在那灯火寥落的地方静静地站着。读到这里，我们才恍然大悟，词人一开始就极力渲染元宵佳节的热闹景象：满城灯火，满街游人，火树银花，通宵歌舞，然而作者的意图不在写景，下阕的那些惹人眼花缭乱的丽人群女，也不是作者意中关切之人，词人其实是想写人物一波三折的感情起伏。作者把个人的欢乐自然地溶进了节日的欢乐之中，元宵节热闹的盛况他视若未见、毫不在乎，他只想从那些花枝招展飘然而过的少女中寻出那张可爱的熟悉的面孔。上阕临末，已出“一夜”二字，也早为寻她千百度做了铺垫，假如最后寻不到自己心爱的人，那么整个元宵佳节将会黯然失色，眼前所有的繁华都只会令他感到失落、孤单。只有与他望眼欲穿的“那人”相见，整个欢乐的场面才会被激活，才会真正享受节日带来的双倍的欣狂。

我们再用以下图表来再现原文的意象丛和格式塔质：

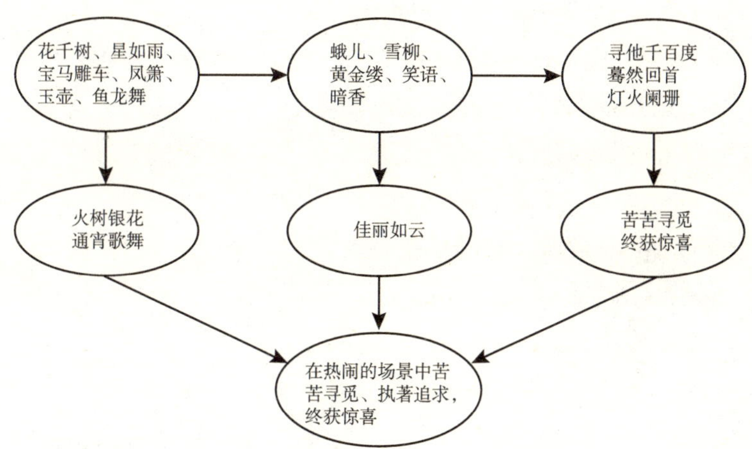


我们再来看译文：

**Ночь пятнадцатого числа первой луны**

Весенний，восточный ветер дохнул，
Раскрыл на деревьях цветы，
А в полночь он звезды с небес стряхнул，—
Упали дождем с высоты.

Прекрасные кони···коляски в резьбе，
И тонкий вокруг аромат；
Нефритовых чайников праздничный блеск，

Далекие флейты звучат.

Здесь пляскам драконов и рыб—нет конца,
Летят однодневки, легки,
Но сыплется с ив золотая пыльца.
Сбивают ее мотыльки.

Весельем и говором город обьят.
Уже не видать мотыльков:
« Таинственный » их приманил аромат
Не сливовых ли цветов?

Здесь друга искала я тысячи раз,
Когда ж обернулась, — он
Огнем фонарей, что пылают сейчас,
Был в шумной толпе освещен.

（перевод Н. Павловича）

我们按照原文意象丛来分析译文，花千树、星如雨等渲染节日花灯焰火的意象被直接译出，没有注释，译文读者获得的解读只能是：春风吹来，满树花开，流星划过天际；指月亮的玉壶也被直接译成 нефритовые чайники，让人迷惑。鱼龙舞本指鱼龙形的彩灯旋转翻腾，但在译文中也无体现。借指盛装佳丽的娥儿雪柳黄金缕被译成 однодневки（蜉蝣，蛾），ива，золотая пыльца（花粉），以及 мотыльки（螟蛾）等。暗香去被译成« Таинственный » их приманил аромат/Не сливовых ли цветов？读到此处，译文读者的眼前想必出现了蛾儿飞舞，花粉飘落，香气扑面的场景。原文为众里寻他千百度做铺垫的意象失落，下文 он…Был в шумной толпе освещен. 就显得突兀。另外，灯火阑珊指的是灯火渐渐散尽的意思，原文说的是天空飘洒下来的礼花，快接近地面时早已熄灭散尽，所以即使头上有流光溢彩，站立的地方却是昏暗的，因此译文 он огнем фонарей…Был освещен 与原文意象不符。

通过分析，我们看到，原文意象链条多处失落，译文的格式塔质是：春天花儿绽放，街上车水马龙，蛾儿飞舞，朋友站在灯火通明处。从这个译文中我们体会不到主人公在疲惫、失落，倍感孤独失意之时，突然看见找寻多次，望眼欲穿之人时那种极度狂喜的心情。译者显然没能充分调动自己的想象力和联想力去细致入微地感悟原作，没能充分挖掘作品所蕴含的情趣和韵味，因而未能悟透原诗的真谛，未能与诗人达到心灵上的契合与共通，对原诗的深层意蕴把握不当，偏离了原文的格式塔质。

再看一篇杜甫的《月夜忆舍弟》：

月夜忆舍弟

杜　甫

戍鼓断人行，边秋一雁声。
露从今夜白，月是故乡明。
有弟皆分散，无家问死生。
寄书长不达，况乃未休兵。

这首诗虽然是常见的怀乡思亲题材，但却写得凄楚哀感，沉郁顿挫。因为在安史之乱中，杜甫颠沛流离，备尝艰辛，既思乡，又忧国，稍一触动，千头万绪便一齐从笔底流出。

第一个意象丛：戍鼓—雁声—断人行，当时的季节正好是秋天，花草树木凋谢，身处边境，空虚寂寞。沉重单调的更鼓和天边孤雁的凄惨的哀叫声使本来就荒凉不堪的边塞显得更加冷落沉寂。“断人行”说明战事频仍、激烈，道路为之阻隔，“月夜”的背景是浓重悲凉的气氛。

颔联“露从今夜白，月是故乡明”可看做一个意象丛，突出了对故乡的感怀，在苦苦思念胞弟的诗人眼中，本来夜夜一样洁白的霜露，偏偏在今天晚上显得格外苍白，本来到处一样的月亮，只有故乡的月亮最明亮，景随情变，这是融入了浓厚的主观感受的景象，是诗人深切思念家乡和亲人的真情实感的自然流露。另外，我们也可以由“白色”这个颜色来感受出当时那种冷清的样子。

第三个意象丛：有弟—无家—分散—死生，是诗人遭逢离乱，又在这清冷的月夜油然而生的思乡之念，弟兄离散，天各一方；家已不存，生死难卜，读者可从诗人的绵绵愁思中感受到生离死别的焦虑不安。

第四个意象丛：寄书不达—未休兵，进一步抒发内心的忧虑之情。亲人们四处流散，生死茫茫。无限深情写得含蓄蕴藉。

试用下图简明表示：

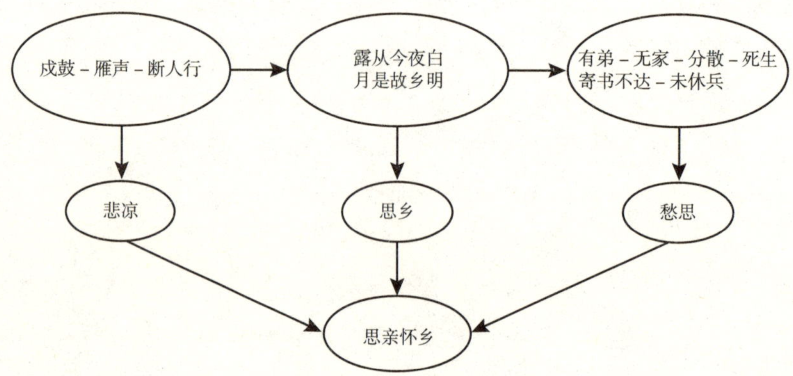


再看译文：

Умолк
Вечерних барабанов бой —

Уже я слышу
Голос дикой птицы,

Уже роса,
Как в стороне родной,

Под светлою луною
Серебрится.

Как до семьи

Дорога далека!

И жизнь и смерть
Проходят между нами.

Бесцельно письма посылать,
Пока —

Оружие не брошено
Врагами.

（перевод А. Гитовича）

原文表面上写景写事，实际上字里行间流露出强烈的忆弟怀乡的感情，闻戍鼓，听雁声，见寒露，寄书不达—未休兵，无不使作者忧郁伤怀。实乃字字忆弟，句句有情。因此，原诗的核心意象可以说是“望月怀乡”，突出“忆”。

在译文中，鼓（барабан），雁声（Голос дикой птицы），露（роса），月（Под светлою луною）等确实有所体现，但给人的感觉却仅仅是描写景物，感受不到诗人强烈的忆弟怀乡之情。首先，意象链条严重缺失，“露从今夜白，月是故乡明”译成 Уже роса，Как в стороне родной，Под светлою луною Серебрится. 虽然有 Как в стороне родной，但转换成汉语是：露水，像在故乡一样，在明亮的月色中闪亮。显然，译者未能悟透诗人通过“今夜露白，故乡月明”这个意象所表达的对故乡和亲人的极度思念之情。

另外，有弟—无家—分散—死生，也是诗人借以抒发思弟怀乡情怀的意象链，在译文中没有体现。有弟却不能相见，“无家”则让人更觉悲哀，因为不仅和亲人分离，连老家也都因为战争的关系而破坏了。原诗在情感的表达上是非常完整的。因此，译者在丢失太多意象的情况下就明显地偏离了原文的格式塔质，诗歌的深层意蕴自然更让读者无从感悟。

好的译者往往能真切地感受到原作的氛围，领会原诗的精神实质，从动态上捕捉意象、剖析意象深层意蕴，从总体上把握原诗的情致、韵味，并在译文中再现意境美。诗歌译者真不是人人可为之。首先他必须是诗人，他在诗歌方面的素养要足以支撑他的翻译活动，再者，他应擅长将文字在自己头脑中复现为声音和形象，并有能力恢复并再创其鲜活生动的感性特征。就像朱光潜先生所说："凡是艺术家都须有一半是诗人，一半是匠人。他要有诗人的妙悟，要有匠人的手腕，只有匠人的手腕而没有诗人的妙悟，固不能有创作；只有诗人的妙悟而没有匠人的手腕，创作亦难尽善尽美。"[①] 这句话也可以用在译者的身上。

## 第五节 小 结

本章我们运用格式塔心理学理论，透视了在翻译中国古典诗词过程中，译者与作者心灵互动的复杂过程，提出了意象转换的基本原则，而且在对译文的分析比较中试用并印证了这些原则。由此可见：（1）译诗时必须按照格式塔心理学的整体性原则，从解读意象入手，理清意象的含蕴及组合情况，抓住核心意象（格式塔质），挖掘意象系统的深层意蕴，从整体着眼，根据本国的语言文化特点和审美习惯进行二度创作；（2）译文质量的高低，除了与译者的综合修养有关外，同时也决定于译者的态度，译者只有全身心地沉潜入原诗中，设身处地地体味诗人的思维活动，达到与诗人心灵的契合与共通，甚至还原诗人创作的心路历程，才能理解表情达意传神的意象，才能有好的译文；（3）译者在翻译中是主动与被动的统一。译者在翻译活动中的主体地位与能动作用不容否定，由于原语与译语的词语组合、习惯用语、节奏韵律的不同，允许译者增添或舍弃部分意象，允许译者在语言运用上作出自己的调整，但是翻译活动不可以主观任意为之，不能天马行空般为所欲为。从意象转换角度而言，约束译者自由度的尺度就是原诗的核心意象——格式塔质。译者只能在体现核心意象及其包含的深层意蕴的前提下进行再创造。

---

① 朱光潜：《诗论》，广西师范大学出版社 2004 年版，第 76 页。

# 第三章　从格式塔心理学闭合性原则探意象转换

## 第一节　格式塔心理学闭合性原则和译者的“完形”处理

格式塔心理学理论中另一个重要的原则是“闭合性原则”，这种理论告诉我们：人的心理存在着一种完形压强，当人们看到一个不规则、不完满的形状时，会产生一种内在的紧张，迫使大脑皮层紧张地活动，力求改变这种形状，以填补“缺陷”，使其恢复为完整和谐的状态，最终“完形”，从而达到内心的平衡与满足。例如一个开口的三角形，既可以在知觉中被恢复为一个三角形，亦可被恢复为一个梯形。这种通过知觉对不规则、不完整的图形进行填补、使之完整和谐的心理倾向，被称为闭合性。

格式塔心理学认为，人类创造性的心理机制常常实现于这种格式塔的“闭合性”之中，而不完满，有空缺正是人们进行心理闭合的诱发条件。这就是为什么对文学创作来说，通过不完全的形造成更大的形式意味或刺激力是艺术家创造能力的一个重要的表现。优秀的诗人往往善于利用这种闭合性，使其作品的深层意蕴幽远绵长，难以穷尽，从而为读者提供一个耐人寻味的审美空间和实现心理闭合的条件。

而诗歌意象正是诗人通过艺术思维创造的包融深刻意蕴的情感载体。我们前面提过，意象是诗人心理活动的产物，意象的创造常常是因生活中的某一点唤起了诗人独特的、新颖的感觉，触动了情感的勃发。诗人把一切飘忽的抽象的感觉和情思隐匿在物象或事象背后，使抽象的变为可感，飘忽的得以固定，无形的变为有形，让读者自己去感知、去体会，使意象成为我们解读古典诗词的钥匙。

意象作为诗人心意情思的替代品，早被赋予了太多的“意”，它充满了神秘的主观色彩，内涵蕴藉，张力无穷。比如，“思君若汶水，浩荡寄南征”（《沙丘城下寄杜甫》）；“相思无日夜，浩荡若流波”（《寄远》）；“请君试问东流水，别意与之谁短长”（《金陵酒肆留别》）；“桃花潭水深千尺，不及汪伦送我情”（《赠汪伦》）等李白的诗中都出现“流水”意象，奔流不息的滔滔江水与其中寄寓的情感引人遐想，耐人寻味。再如，浩瀚凶猛的黄河落差极大，这是常见的视象，但诗人在这个具象上创造出的“黄河之水天上来”就是意象。他想用如此惊心动魄的意象衬出生命的渺小脆弱，抒发自己的苍凉悲感吗？这只是一种解释，其深厚的意蕴是无尽的朦胧的，不同的人可以作出不同解读，可谓物象有限，意象无穷。又如李白的《玉阶怨》：“玉阶生白露，夜久侵罗袜。却下水晶帘，玲珑望秋月。”这本是一首宫怨诗，但全诗无一语写“怨”，只写主人公独立玉阶，以及寒气袭人，露水浓重，浸透罗袜，回房放下水晶帘，望着玲珑的秋月等，这就给读者留下了广阔的遐想空间和实现心理闭合的诱发条件。读者尽可以根据“白露”、“水晶帘”、“秋月”等素净淡雅的意象充分驰骋想象，挖掘原诗的精髓，体味主人公的幽怨、愁思，感悟原诗幽美深远的意境。

再如李清照的《武陵春》：“风住尘香花已尽，日晚倦梳头。物是人非事事休，欲语泪先流。闻说双溪春尚好，也拟泛轻舟，只恐双溪舴艋舟，载不动，许多愁。”首句从暮春三月景色切入，本是风狂花尽，一片凄清，但却没有从正面描写风之狂暴、花之狼藉，只用“风住尘香花尽”三个词组构成的一个意象既表明这场狂风的后果，又寄寓词人漂泊零落红颜迟暮的身世之恸。出笔极其含蓄蕴藉，读者不难想象在风没有停息之时，曾经花片纷飞，落红如雨，尚有残花可见，风住之后，花已沾泥，人踩马踏，化为尘土，尘土尚留香，春光却一扫而空，我们仿佛看到词人独守窗前，眼看着狂风摧花，落红满地的凄凉景象，心中会多么辛酸。所以，“风住尘香花尽”不但含蓄，而且由于含蓄，反而扩大了容量，给读者提供了实现心理闭合的条件和极为广阔的想象空间，使人从中体会到更为丰富的情感。

可见，中国古代诗人们只用寥寥数语就能创造出一个蕴藉深远的意象，意象通常给我们一种微妙难言的艺术感受：似已领悟，又似未领悟；似言此，又似言彼。这就是诗人特意留下的“空白”。宋代文论家严羽在其《沧浪诗话》中曾说：“诗者，吟咏情性也。盛唐诸人惟在兴趣，羚羊挂角，无迹可求。故其妙处透彻玲珑，不可凑泊，如空中之音，相中之色，水中之月，镜中之象，言有尽而意无穷。”其中“羚羊挂角，无迹可求”是对诗人在创作中所遇到的来无影、去无踪的创作灵感的生动描述；“空中音”、“相中色”、“水中月”、“镜中象”，是形容诗歌透过意象所传达的缥缈玲珑，不易捕捉的神韵。它作为诗歌的深层意蕴，幽深绵渺，其意义往往是多层的，不确定的，且难以穷尽的。我们再引入宗白华先生的话来稍作说明：

> 艺术家创造的形象是“实”，引起我们的想象是“虚”，由形象产生的意象境界就是虚实的结合。一个艺术品，没有欣赏者的想象力的活跃，是死的，没有生命的。一张画可使你神游，神游就是“虚”。中国画很重视空白。如马远就因常常只画一个角落而得名“马一角”，剩下的空白并不填实，是海，是天空，却并不感到空。空白处更有意味。中国书法家也讲究布白，要求“计白当黑”。中国戏曲舞台上也利用虚空，如“刁窗”，不用真窗，而用手势配合音乐的节奏来表演，既真实又优美。中国园林建筑更是注重布置空间，处理空间。这些都说明，以虚带实，以实带虚，虚中有实，实中有虚，虚实结合。①

中国画是线条，线条之间就是空白，诗歌也如此，词句之间留出大量空白，中国古代文论家们将诗人故意留下的不完满、空缺看做诗歌艺术的空白含蓄之美，认为空白意识是诗人特有的感觉，是诗歌作品旨在追求的极境。根据格式塔理论的闭合性原则，读者在接触到诗人通过空白和不完满留下的想象空间时，会调动自己的经验、情感、思想等审美积淀去联想，去填补，从而走向“完形”，得出自己对诗作的独特见解。正如王夫之所说：“作者以一致之思，读者各以其情而自得。”

对于译者而言，他在接触到诗歌艺术空白提供的思维空间时，同样有着

---

① 宗白华：《美学散步》，上海人民出版社 1981 年版，第 39 页。

追求“完形”的心理闭合倾向。他会充分调动自己的知识、文化储备，发挥能动性和创造性，驰骋想象去品“味外之味”，去寻“象外之象”，也就是去填补原诗留下的“空白”，对原作进行“完形”处理，最后完成对诗作意义的实现。经验不同，生活阅历和艺术阅历以及审美的感受力不同的译者，对诗歌感悟的程度自然不同，得出的译文也就不同。正如格式塔心理学家们提到过的，知觉是有组织的整体，不同的格式塔有不同的组织水平，而不同的组织水平的格式塔往往伴随着不同的感受，这种感受是作者或读者在头脑中对外界刺激进行了积极组织的结果。译文就是译者在头脑中对“原作”进行了“积极组织”之后得出的“格式塔”，不同的译文是译者“各以情遇而自得”的产物，伴随着译者不同的感受，显示了译者不同的“组织水平”或“完形”水平。

## 第二节 译者的“完形”倾向和诗歌翻译

一首涵义丰富的诗，好像一颗多棱面的宝石，每转一个角度就折射出不同颜色的光来。刘勰在《文心雕龙·隐秀》篇中说过：“情在词外曰隐，状溢目前为秀。”“隐也者，文外之重旨者也；秀也者，篇中之独拔者也。隐以复意为工，秀以卓绝为巧。”这里的“隐”指的就是“象外之象，景外之景”、“言在此而意在彼”中的“意”。“隐”重在“复意”，即指诗歌的意蕴是广阔而深刻，多义而模糊的，诗歌的本质就在于通过“秀”这个表层去阐发内在丰富的“隐”。诗人藏起真意，欲语不语，留下充分的余地和空白让读者去尽情联想，译者在更多的时候只能凭借自己的想象、猜测，来试图再现原文的“隐”，填补原文留下的“空白”。

译者的“完形”处理就是指译者面对含蓄朦胧的意象时驰骋想象，根据自己的生活经验、知识阅历、思想情感和审美需求对作品进行感知、体验、思考，力求挖掘出表层意象背后潜藏着的第二层、第三层乃至无穷的意蕴，并在译文中去填充这个“空白”，塑造自己的“格式塔”。这充分说明翻译活动是一种主体性的活动，完全没有译者主体意识的介入是不可能的，译者在对原文意旨的理解上总要打上自己思想的印痕。

我们来看李商隐的《锦瑟》：

锦瑟无端五十弦，一弦一柱思华年。
庄生晓梦迷蝴蝶，望帝春心托杜鹃。
沧海月明珠有泪，蓝田日暖玉生烟。
此情可待成追忆，只是当时已惘然。

诗中有很多源自古代传说的意象，意蕴含蓄朦胧。诗人把诗意藏起，只是让读者自己去思而得之。恰如钱钟书先生所言，就中国诗的审美特征而言，它表现出一种蕴藉悠远，一种“怀孕的静默”，即“说出来的话比不上不说出来的话，只影射着说不出来的话”。“《锦瑟》一篇借比兴之绝妙好词，究风骚之甚深密旨，而一唱三叹，遗音远籁，亦吾国此体绝群超伦者也。”① 有人认为它是一首描绘音乐的咏物诗，瑟有适、怨、清、和四种声调，诗的颔联、颈联每句各咏一调；有人认为这是一首爱情诗，“锦瑟”是唐代文学家令狐楚家中婢女的名字；有人认为这是首悼亡诗，是诗人为缅怀他死去的妻子王氏而作；有人认为这是诗人晚年追叙生平、自伤身世之作；钱钟书先生则认为这是诗人在总结自己生平的创作体验。如此丰富多义的内涵造成翻译上的困扰，译者由于自身经历和体验的不同以及审美造诣上的差异也会对诗歌作出不同的理解，在翻译时就必然会从自身的视角对原作进行审美上的加工，而且，译者为填补原作留下的诗意空白，也只能按照自己的理解来对原诗予以阐释。译者不同视角的审美感悟又直接影响到译文读者对原诗的解读，因此，原诗在另一语言国度还可能会获得比本国更多的不同的解读。来看一下这首诗的俄译：

Нефритом украшена цитра моя,
И струн на ней пятьдесят.
И все эти звонкие струны со мной
О давних днях говорят.
Мудрец Чжуан-цзы в глубоком сне
Сияющей бабочкой был.
Ван-ди после смерти все чувства свои

① 钱钟书：《谈艺录》，中华书局 1984 年版，第 371 页。

В лесную кукушку вселил.
А в южных морях под взором луны
Текут жемчуга по щеке.
На синих полях под лучом дневным
В прозрачном яшма дымке.
О всех этих чудных явленьях не раз
Придётся мне размышлять.
Но надо признаться，сейчас на моей
Душе печали печать.

（перевод А. Ахматовой）

从译文来看，译者对“锦瑟”、“庄生梦蝶”、“望帝托心”、“明月珠泪”、“蓝玉生烟”等意象链条的再现是成功的，对原文核心意象的理解是：忆及往昔美好岁月，感叹年华不再，心情悲苦。译者的理解是合理的，因为在中国历代诗词中，杜鹃常作为表达“冤苦、忧愁”的意象出现。相传在周朝末年，蜀王杜宇（号望帝）派宰相鳖灵凿巫山，鳖灵治水有功，杜宇禅让退隐。但他思国心切，死后化为杜鹃，日夜悲啼，泣泪以血，染红了山野上的杜鹃花，也染红了自己的口、舌，所以有“杜鹃啼血”之说，Ван-ди после смерти все чувства свои / В лесную кукушку вселил 是为审美需要避开了 превращаться 等词而作出的翻译，这里的 чувства 是知觉之意。还有“珠泪”，也是悲伤的象征，来自鲛人泣泪，颗颗成珠的传说，в южных морях под взором луны/ Текут жемчуга по щеке 是译者据自己的理解进行的诠释，添加了 по щеке，勾勒出一个原诗中隐藏在意象后的悲伤的人，原文朦胧的意蕴在译文中得到填充。на…Душе печали печать 以及 О … чудных явленьях … размышлять 也是译者为烘托核心意象而作出的变通。

我们再来看马致远的《天净沙·秋思》：

枯藤老树昏鸦，小桥流水人家，古道西风瘦马。
夕阳西下，断肠人在天涯。

这是写秋思的名句，被誉为“秋思之祖”。前三句九个以名词为中心的意象并列，类似电影跳脱的蒙太奇镜头，写出“断肠人”眼中的秋景。这些意象虽然表层上没有形式上联系的标志，但却烘托同一格式塔质 —— 羁旅的惆怅。之所以选择这些意象，而不讲究词句在逻辑上是否成立，只是要反映作者心灵活动的真实过程，并为读者呈现出一幅生动可感的图像。

**Осенние думы**

Зашелестит，высыхая，тростник，
Крыльями хлопнет птица…
Мостик над речкой грустно поник，
Речка течет，струится.

Рвется дорога навстречу мгле，
Тощая кляча，тусклый закат…
Самый любимый на всей земле
Никогда не придет назад.

（перевод А. Тер-Григоряна）

我们看到，译者应该是理解了这首曲的格式塔质，对作者要表达的深层意蕴也有了较深的体会，因此会作出（Зашелестит，высыхая）тростник，（Крыльями хлопнет）птица，Мостик（грустно поник），Речка（течет，струится），（Рвется）дорога，（Тощая）кляча，（тусклый）закат，на всей земле 这样的诠释，形成自己的格式塔。虽然由于节奏音韵的限制舍去“老树”、“人家”、“西风”等意象，但并不影响整体情致的表达，从译文中我们也能感到一缕淡淡的惆怅，也仿佛看到在夕阳照射下的空旷凄凉的古道上，漂泊的游子牵着瘦马孤独地走来。

但为什么我们依然会觉得译文和原文比起来似乎在味道上差了一些呢？作者在小令中表现出的沦落天涯的寂寞愁苦之情，原文凄凉绝美的意境，都带给我们强烈的震撼，每个人都不难体会到这幅静谧清凄的图画中所蕴藏的独特的

魅力。但译文给我们的震撼要弱得多，为什么呢？原文前三句是九个以名词为中心的意象，作者有意将意象之间的联系设定为空缺，让读者从一个意象跳跃到另一个意象上，从而暗合了格式塔心理学的闭合性原则，为读者创造了一个耐人寻味、意蕴幽远的审美空间和实现心理闭合的诱发条件，读者可以尽情驰骋想象，填补空白。而且，数个意象并列在一起也强烈地刺激了读者的感官，加深了人们的印象，加倍烘托出昏黄、灰暗、衰败、凄凉的 气氛。而译文则在名词间添上许多新成分，如（тростник）Зашелестит，высыхая，（птица）Крыльями хлопнет.（Мостик）над речкой грустно поник，（Речка ）течет，струится.（ Дорога）Рвется навстречу мгле，Никогда не придет назад 等。原文留下的空白点被填“实”，填“满”了，留待读者自己去揣摩、想象的空间缩小了，幽远深长的意蕴变“浅”了，因此，译文含蓄朦胧的美感不如原文强烈，给读者心灵的震荡自然也微弱许多。这就是我们觉得译文有些味道不浓的原因。

再看一首李白的《怨情》：

美人卷珠帘，深坐颦蛾眉。
但见泪痕湿，不知心恨谁？

译文：

**Печаль**

За яшмовою шторою
Одна

Красавица
Томится у окна.

Я вижу влажный блеск
В очах печальных —

Кто ведает,
О ком грустит она?

（перевод А. Гитовича）

此诗最大的特点是深隐含蓄，言尽意远。本是一首愁怨诗，但在前三句，未著一个“怨”字，末句虽以“恨”收束，却不知应“恨谁”，使这唯一的情感表露也变得缥缈而不确定。通过“卷珠帘”、“颦蛾眉”、“泪痕湿”几个意象组合刻画出具体可感的真实画面，从而传达出一种强烈而抽象的情绪，引起深层的只能意会的情感共鸣。再看译文：За яшмовою шторою，одна красавица томится у окна. 原诗是通过意象说话的，始终没让读者碰到“愁”这个字，但томится一词则过于直露，失去了原诗“含不尽之意在于言外”的含蓄美，原文读者可以想象出来的主人公暗自蹙眉垂泪的神情在译文读者那里是体会不到了。再者，“卷珠帘”和“坐在帘子后”（За яшмовою шторою）是两个截然不同的动作，一个“卷”字将女子“望”之心的迫切烘托出来；“颦蛾眉”则将女子内心怨恨愁苦等复杂微妙的情感表露无余，诗人是通过细致的观察才能有这样传神的表达的，而译文只能让读者得知这个美人情绪不佳，体会不到隐藏在主人公面部表情下的内心的波澜，极大地削弱了原文的艺术魅力和表现力。

再以李白的《独坐敬亭山》为例：

众鸟高飞尽，孤云独去闲。
相看两不厌，只有敬亭山。

表面上看，这首诗是在描摹客观景物，实际上，它是主观的诗。诗人要发泄自己的主观情感，由于种种原因不得直抒，只好把主观情思附着在客观的景物上，在主体与客体交融的过程中，构成了“写物不沾滞于物，写情不浮露泛滥”的诗境。诗中的意象可以分为两类，“众鸟”、“孤云”、“敬亭山”是静态意象，“高飞尽”、“独去闲”、“相看两不厌”是动态意象。“静”是全诗的血脉，而这种平淡恬静的格调恰恰是动态意象创造出来的：“高飞尽”、“独去闲”把作者孤寂凄凉的感受似乎写尽了，我们面前仿佛展现出一个寥廓的长空，叽叽喳喳的鸟儿弃诗人而去，唯一的一片云朵却也不愿停留，慢慢地悠闲地飘走了，这种以“动”衬“静”烘托出诗人心灵的孤独和寂寞，也暗示了诗人在山中“独坐”很久，万物一片沉寂，只剩下对面安静的大山了，接下来诗人用“相看两不厌”这个意象赋予大山“知音”的地位，这正是移情作用使然，山其实是无生气的，诗人却觉得它有性格，有情感，俨然变成一个人，这是把自己的心态透射到山的身上。人山对望，脉脉含情，诗人寂寞凄凉的心得到了慰藉，用“只有敬亭山”道出了感激之情，物我关系在感情的撞击下最终达到溶合，诗歌就这么打动了读者。“诗里的一片景，也皆诗人的一片情。”翻译这首诗的重点就在于诗人的情感能否得到传递。我们来看这首诗的译文：

译文一：

**Одиноко сижу в горах Цзинтиншань**

Птицы исчезли,
В выси неба растаяв;
Облако скрылось
в поисках отдохновенья —
Видеть друг друга
Нам не надоедает
Милые горы
Беседки Благоговенья!

（перевод Б. Мещерякова）

译文二：

**В одиночестве сижу на горе Цзинтиншань**

Растаяла стая,
изведав предел восхожденья.

Одно только облачко
праздно плывёт в отдаленье.
Глядим друг на друга —
и наглядеться не можем —
Воистину это
Беседка Благоговенья.

（перевод Э. Балашова）

译文三：

**Одиноко сижу в горах Цзинтиншань**

Плывут облака
Отдахать после знойного дня.

Стремительных птиц
Улетела последняя стая.

Гляжу я на горы,
И горы глядят на меня,

И долго гдядим мы,
Друг другу не надоедая.

（перевод А. Гитовича）

“高飞尽”这个意象在译文一中体现为 исчезли 和 растаяв，在译文二中是 растаяла 和 изведав предел，在译文三中只有 улетела 一个词。显然，изведав предел 是译者对原文的误读，而译文三对于意象情感的传递又略显单薄，译文一稍高一筹。

“孤云”这个意象在译文一和译文三中只有 облако 一个词，译文二的

одно только облачко 较好地传达了原文的情感内涵。

“独去闲”在译文一中体现为 скрылось в поисках отдохновенья，在译文二中是 праздно плывёт в отдаленье，在译文三中则变成了译者的凭空推断：Плывут …Отдахать после знойного дня. 显然，第三个译文是不恰当的，译文一的…в поисках…和原文中悠哉游哉的白云意象略有不符，易给读者造成忙乱的感觉，译文二的 праздно плывёт 则更好地刻画出与原文相符的意象，我们仿佛看到天上一朵孤云慢慢飘走，深山里只剩下了更加孤单的诗人。

接下来再看三个译文对“相看两不厌……”这个意象的把握，译文三稍显平淡，韵味上欠缺一些，译文一则在后面加上了译者的抒情，与原文恬静的风格不符，译文二用了 наглядеться не можем…和 Воистину…，对原文情感的传递比译文一稍显到位。

以上三个译文对诗人情感的把握各有千秋，但我们读后均有一种失落的感觉。原诗是多么精炼、传神，真是一字不虚设，寥寥数语就创造出了感人的意象，营造出一个清幽寂寥的境界，转换成其他语言怎么就变成了直白的描述呢？我们必须面对的现实是中文独有的魅力在外文中是难以得到保留的，而原诗含蓄蕴藉的意味也只能直白地转换出来。

可见，一方面，诗歌译者为更好地揭示原文意蕴，传递原作者的情感思绪，不得不对原文中的空白点根据自己的感悟予以填充、诠释，况且，由于两种语言诗律的不同，也必须作出相应的变通。另一方面，由于对原文进行填空式的确定和填充，空白填得太实，往往容易把原文含蓄朦胧的意蕴都直白地描述出来，破坏原文优美的意境，剥夺读者想象的空间，降低原文独特的审美效果。

有些故事或许对我们有启发。宋徽宗赵佶常以唐人诗句命题选拔画才，有句诗叫“竹锁桥边卖酒家”。众多考生皆重于酒家，从而以小溪流水、野渡小桥、竹林清风等借以衬托。唯有一幅画构思新颖，独辟蹊径，画面上是一泓溪水，小桥横卧，桥边则是一片竹林，那郁郁葱葱的翠竹中，挂着一幅迎风招展的“酒”帘。赵佶大悦，认为酒家藏在竹林中正是符合“锁”的意境，亲自圈点为第一名。还有一次考试题目是“踏花归去马蹄香”，考生们几乎都在画马画花，画达官显贵、文人仕女，他们均穿梭于花丛之中，赵佶看后很不满意。最后有一幅画让他大加赞赏。画上是一匹骏马缓步走来，几只小小的蜜蜂在追逐着马蹄。作者的巧妙之处就是马踏上了花后竟然引来了蜜蜂，既表现了

"踏花归去"又表达了"马蹄香"。在当代，老舍曾以诗句"蛙声十里出泉外"为题请国画大师齐白石作画。齐白石的画中是一泓泉水从山涧汩汩奔流而下，画中并无青蛙，但人们由顺流而下的泉水想到了远处的蛙声。中国古典诗词与中国画有异曲同工之处，意在象外，贵在意境。

我们从中可以得到什么启示呢？两句诗的意象无疑是很美的，但美在哪里？为什么把酒家或马踩到花上直白地画出来不如隐去更美呢？因为过于直露的表达破坏了原诗意象烘托出的蕴藉含蓄的美。中国古人常用"空中之音，相中之色，水中之月，镜中之象"强调诗中意象含蓄朦胧，只能妙悟，不可言传的审美特征，优秀诗歌的深层意蕴都是"意伏象外"，难以捕捉的，在翻译时要靠译者发挥自己的主观能动性，调动想象、联想的心理功能对诗人有意留下的空白点进行创造性的填补和充实，进行"完形"处理，形成自己的格式塔。但如果译者过于直白地诠释、填充原作者留下的空白，又会把原本隐藏在意象背后的信息变成显性信息，破坏原诗意象烘托的含蓄蕴藉之美。总之，只有从整体上把握原作的思想意蕴和审美意蕴，摈弃坐实对译、主观随意、穿凿附会，保持诗词含蓄蕴藉的特点，才能恰如其分地作出"完形"处理。

## 第三节　译者"完形"的"度"

诗人通过含蓄朦胧的意象创造的"句中有余味，篇中有余意"是我国古诗的一大特点，仿佛漂浮在大洋上的冰山，形诸文字的东西只是冰山一角，而水下的大块冰山则有待译者去发现。

译者的"完形"活动不意味着在读懂原作之后就可以将其完全抛开，那么译者进行"完形"活动的自由度到底有多大？别林斯基提及茹科夫斯基时曾说："他是诗人，而不是译者；他是在再创作，而不是在翻译，……他的所谓的译著作为译著来看很不合适，但作为他自己的创作来看却是相当的精彩。"[①] 看来，译者并不能随心所欲、天马行空地像从事自己的创作一样去翻译诗歌，他就像是在先人耕种的土地上进行收割，绕一下，拐个弯是可以的，但别人种的是土豆，你却收获了南瓜，这是不可以的。优秀诗歌译作的外表上

① 吴克礼：《俄苏翻译理论流派述评》，上海外语教育出版社2006年版，第29页。

我们看不出原文的痕迹，但是一笔一画之中都潜寓着原诗的神韵和气魄。好比“桑叶到了蚕腹，经过一番咀嚼组织而成丝，丝虽然已不是桑叶而却是从桑叶变来的”。（朱光潜语）正如许钧先生所说：

> 文学翻译不完全等同于创作，译者的所谓创作，在一定意义上是在语义、审美等层次无法与原文在形式上求得对应而采取的种种变通。因此，译者的创造要以不违背、不损害原作的意蕴、风貌为本。①

具体地说，译者的“完形”活动不是不受作品任何约束的主体性活动，不应该天马行空，无所依傍，而应该牢牢抓住原文的“定质”，在作品所表现的情感、情绪的阈限内作出自己的理解和发挥，这种“定质”就是原文的格式塔质——核心意象，也就是诗歌整个意象系统烘托出的气质、神韵。

另外，意象的含蓄、朦胧是中国古典诗词的重要特征，是华夏的“国粹”，在不偏离核心意象的情况下，依靠自己的理解对原诗进行诠释是解决翻译中很多问题的必由之路。但在诗律和译者能力允许的情况下，译者应尽可能保留原文含蓄蕴藉的表达方式。原文句中的一些空白点，除非绝对必要，也不宜在译文中任意补充。正如美国学者托尔曼指出的，“如果原作趴地蠕动，译作不可腾空翱翔”。

郭沫若在 1923 年写的《雅言与自力》中说：

> 我译尼采，便是我对于他的一种解释。……我是一面镜子，我的译文只是尼采的虚像；但我的反射率不免有乱反射的时候，读者在我镜中得一个歪斜的尼采像以为便是尼采，从而崇拜之或反抗之，我是对不住作者和读者多多了。②

就是说，译者需要在翻译的过程中投入自己的主观感情，根据自己对原作者的理解在译文中作出自己的诠释和解读，但这种诠释是在一定限度内完成的，不能“乱反射”。

---

① 许钧：《生命之轻与翻译之重》，文化艺术出版社 2007 年版，第 35 页。

② 转引自陈福康：《中国译学理论史稿》，上海外语教育出版社 1992 年版，第 262 页。

请看译例：

凤凰台上忆吹箫

李清照

香冷金猊，被翻红浪，
起来慵自梳头。
任宝奁尘满，日上帘钩。
生怕离怀别苦，多少事、欲说还休。
新来瘦，非干病酒，不是悲秋。
休休，这回去也，千万遍阳关，也只难留。
念武陵人远，烟锁秦楼。
惟有楼前流水，应念我、终日凝眸。
凝眸处，从今又添，一段新愁。

本词抒写与丈夫惜别的深情和离别后刻骨铭心的怀念。一般写离情，总是着重写别时如何难舍难分，此词则截取别前别后的两个横断面，上片写不忍丈夫离去，着意刻画慵懒的情态，表现出词人害怕离别的心态、复杂矛盾的心理、茫然若失的情绪。中间进行大幅度跳跃，过渡到别后。此时丈夫远去，词人天天倚楼凝望楼前流水，觉得流水也对她的离别表示同情和怜悯，委婉地抒发对丈夫的怀念和痴情。笔触细腻生动，抒情极凄婉。

我们画图来分析原文格式塔：

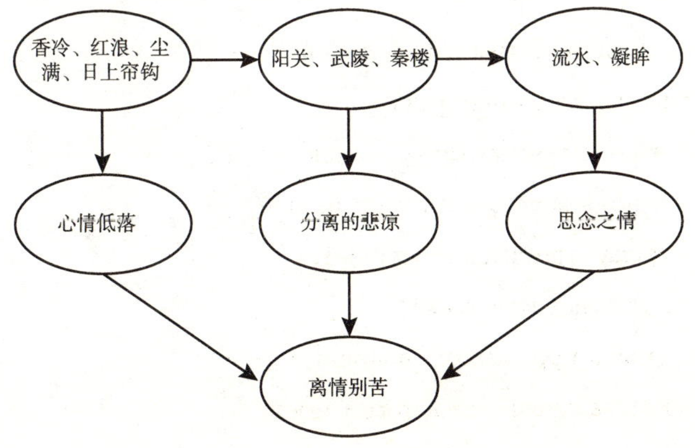

译文一：

**На башне Фынхуантай слушаю свирель**

Не курится благовонный дым
Из остывшей пасти льва-дракона.
По спокойной глади одеяла
Побежали пурпурные волны.
Не притронусь к волосам моим,
В зеркала не погляжусь влюбленно,
Хоть заря на небе засияла
И проснулся терем, солнца полный.

Жизнь в разлуке, словно смерть, страшна,
Я всегда боялась расставаний…
Сколько в сердце боли и унынья —
Сотней ? Янгуань? не рассказать.
Вновь худею—но не от вина,
Не от осени туманной ранней.
Мой любимый далеко в Улине…
Но довольно. Замолчу опять.

Спит земля в густом дыму тумана,
Но блестит Бессонная река.
День и ночь грустит она со мною.
День и ночь мой долгий взор на ней.
Вдаль река стремится неустанно,
Но не уплывет моя тоска
И не смыть прозрачною волною
Взгляд печальный—след тоски моей.

（перевод Д. Голубкова）

译文二：

Пасть золотово льва совсем остыла,
Дым ароматный больше не курится.
И пробегают пурпурные волны
По шелковому полю одеяла.
На кольцах шторы утреннее солнце.
Заглядывая в комнаты, искрится.
И я встаю. Но только нет желанья
Прическою заняться, как бывало.

Ларец с заколками покрылся пылью —
Давно-давно его не открывала!

Всегда я так страшилась расставаний
И о разлуке слышать не хотела.
Мне много-много рассказать бы надо,
Но только я не пороню ни слова.
Не от вина, не от осенней грусти

Я в эти дни изрядно похудела.
Что делать, если он опять уехал
И здесь меня одну оставил снова!

Чтоб удержать, я «Песню о разлуке»
Ему сто раз пропеть была готова.

Я думаю о том, что там, в Улине,
Далеко от меня теперь любимый…
Двухъярусную башню закрывая,

По небу облака плывут куда-то.
А перед башнею—река в разливе,
Вода стремится вдаль неудержимо.
Пусть знает он, что на поток зеленый
Смотрю с утра до самого заката,
Что с каждым днём всё больше я страдаю,
Печалью бесконечною объята.

（перевод М. Басманова）

其实，从这首词的两个译文，我们能更加清晰地认识到，中国古词这种独特的艺术形式几乎是不可译的。首先是词这种“长短句”的外在形式无法在译语中得到保留，译者只能根据母语作诗的定律予以呈现，对译文读者而言，中国的“诗”与“词”可能是没有分别的；词的另一重要特点是不同词牌有不同的长短句，因为古人是必须依曲填词的，目的是为演唱，即使后来写词不再用于演唱，但也必须依据一定的词谱来创作，这一点也无法在译语中得到体现。另外，词和诗比较起来，词人抒发情感的方式更趋委婉含蓄，任由读者去发挥想象的审美空间更大，空白点更多。

面对“词”这种中国独有的艺术形式，译者们更不能拘泥于表面形式，只能深入沉潜到原作品中，全身心、全灵魂地去感悟词人脑海中发生过的意象思维运动，力求贴近作者的心灵，抓住原文的整体气质——核心意象，充分发挥主观能动性，驰骋想象，调动一切知识、经验和文化储备，按照自己的感悟去诠释，对词中大量的空白或保留、或填充，最终完形，塑造出自己的“格式塔”。

为了更好地说明，我们试着把两个译文回译过去并作对比，为了方便与原文进行对比，我们采取了非常忠实的译法，尽量完整地展现译文的全貌。

译文一：

冷却的龙狮兽嘴中
不再冒出芬芳的烟雾，
紫红色的波浪

在锦被平静的表面滚过。
(我) 不去碰自己的头发,
也不向镜中迷恋地照一眼,
虽然天空出现明亮的朝霞,
洒满阳光的阁楼也醒来了。

离别中的生活就像死亡一样可怕,
我总是害怕分别的……
心中多么痛楚和忧郁
纵使唱几百遍《阳关曲》也倾诉不尽。
又瘦了——不是喝酒的结果
也不是由于秋天的早晨雾气弥漫。
我心爱的人远在武陵……
够了。不再说了。
大地在浓重的烟雾中沉睡,
只有不眠的河水熠熠发光。
她和我一起忧愁,日日夜夜
我的目光在她的身上长久停留,日日夜夜。
远处河水不知疲倦地奔流,
但我的忧愁不能流走
清澈的波涛冲洗不去
哀伤的目光——我忧愁的痕迹。

译文二:

金狮兽嘴已经冷却,
芳香的烟雾不再冒出。
紫红色的波浪滚过
丝绸锦被。
窗帘环钩上现出朝阳,

（阳光）射进屋内，闪闪烁烁。
我起床了。但不想
像平时那样准备梳头。

宝奁尘满——
好久好久没开了！

我总是这么害怕离别
对这个词听都不想听。
我本应一遍遍地说，
但却说不出一个字。
不是因为喝了酒，也不是因为
秋天来了有些忧伤
这几天我明显地消瘦了
有什么办法，既然他又走了
又丢下我一个人守在这里！

为了能留住他，我曾准备
给他唱一百遍《离别歌》。

我想，在遥远的武陵
心爱的人离我太远……
天空中云朵不知飘向何方，
遮住双层塔楼。
塔楼前河水流淌
水流狂奔向远方。
但愿他知道，我从早到晚
就看着这泛绿的河水，
我一天比一天难受
沉浸在无边的哀伤。

我们看到，如果没有原文作对比，译文不失为两首好诗。但与原文那种凄楚哀婉的意境比起来，译文恐怕要让我们哑然失笑了。原词用字简当，含蕴丰厚，“意不浅露，语不穷尽”，但译文则把词人留下的想象空间填得满满当当，比如，词人借“流水”、“凝眸”抒发无尽的哀愁，意境深厚，余味无穷，而第一个译者则加入许多自己的诠释：“她和我一起忧愁，日日夜夜……，远处河水不知疲倦地奔流……我的忧愁不能流走……清澈的波涛冲洗不去哀伤的目光——我忧愁的痕迹”；第二个译者则译成：“……河水流淌，水流狂奔向远方……看着这泛绿的河水，一天比一天难受，沉浸在无边的哀伤。”潜藏在意象背后的想象空间被译者的一家之言填实，虽然两位译者显然都理解了原作者要表达的离愁别绪，都把忧愁、哀伤作为译作的格式塔质，多次重复“忧愁”、“痛楚”、“忧伤”等字眼，让译文读者也可以感受到主人公那种绵绵不绝的愁思，但毋庸置疑，两位译者都对原文进行了过度的诠释，破坏了原文余韵绵绵、意味深长的幽美意境。钱钟书先生说过：“诗歌里渲染的颜色、烘托的光暗可能使画家感到彩色碟破产，诗歌里勾勒的轮廓、刻画的形状可能使造型艺术家感到凿刀和画笔力竭技穷。”① 那么，译者在翻译中国这种独有的文学形式——词时，也一定会常常感到“力竭技穷”吧。

再看另一首词：

一剪梅

李清照

红藕香残玉簟秋，轻解罗裳，独上兰舟。云中谁寄锦书来，雁字回时，月满西楼。

花自飘零水自流，一种相思，两处闲愁。此情无计可消除，才下眉头，却上心头。

译文一：

Осенними грибами

① 钱钟书：《读扎奥孔》，载《七缀集》，上海古籍出版社 1994 年版，第 39 页。

Пахнет лес,
Но нежный запах лотоса
Исчез.
Снимаю с плеч
Постылые шелка.
В челн орхидеевый
Одна сажусь.
Крылами
Рассекает облака
Расшитое письмо —
Летящий гусь.
Куда
Он направляет свой полет?
Ответное письмо
Придет домой,
Когда
Сиянье лунное зальет
Тоскующий девичий
Терем мой…
Цветы,
К земле озябнувшей склонясь
Как прежде,
Сбрасывают лепестки.
Как прежде,
Горы разделяют нас,
Мы снова
Друг от друга далеки.
Нет,
Эту боль вовек не побороть.
С чела прогонишь

И сотрешь с бровей —
Тотчас
Отравою наполнит плоть.
Ужалит сердце
Во сто крат больней.

（перевод Д. Голубкова）

译文二：

Не радует лотос увядший—
В нем осени знак примечаю.
В раздумье
Одежды снимаю，
Ночь в лодке
Одна я встречаю.

Свет лунный над западной башней
И туч поредевшая стая.
Письмо мне
Не гусь ли доставит？
Кричит он，
В ночи пролетая…

Цветы，облетевшие с веток，
Уносит куда-то волною.
И пусть развело нас
Судьбою，
Но в мыслях
Я вместе с тобою.

Тоска на мгновение даже
Оставить меня не желает.
С бровей прогоню ее —
Злая,
Шипы свои
В сердце вонзает.

（перевод М. Басманова）

两个译文回译后是这样的：

译文一：

森林中飘着
秋天蘑菇的香气，
但荷花柔和的气息
消失了。
从肩上解下
讨人厌的绸衣。
一个人坐上
兰木的小舟。
飞翔的大雁
用双翅
冲破云层
带来绣花的书信。
它要飞向何方？
当月光洒满
寂寞的女孩的
阁楼时……
回信
就会到家的，
花儿

俯向冷冷的大地
像从前一样，
将花瓣抛落。
像从前一样，
大山将我们阻隔，
我们又一次
彼此远离。
不，
这种苦痛永远不可消除。
从额上赶走
又从眉上擦去—
却又立刻
毒药一般充满了血肉。
咬噬着我的心，
百倍地痛。

译文二：

凋零的荷花让人不喜—
秋天的迹象隐约可见。
沉思着
脱去衣衫，
一个人在小船上
迎接黑夜的降临。

西边的塔楼上月光飘荡
还有一团稀疏的乌云。
是不是大雁
给我送信来?
大雁呼叫着，

飞过夜空……

枝头飞下的花朵，
不知被水流冲向何处。
命运
让我们天各一方
但心里
我是和你在一起的。
忧伤甚至不想有片刻
放过我
从眉头上将其赶下—
凶狠的它
却用它的刺
扎入我的心。

先看下图：

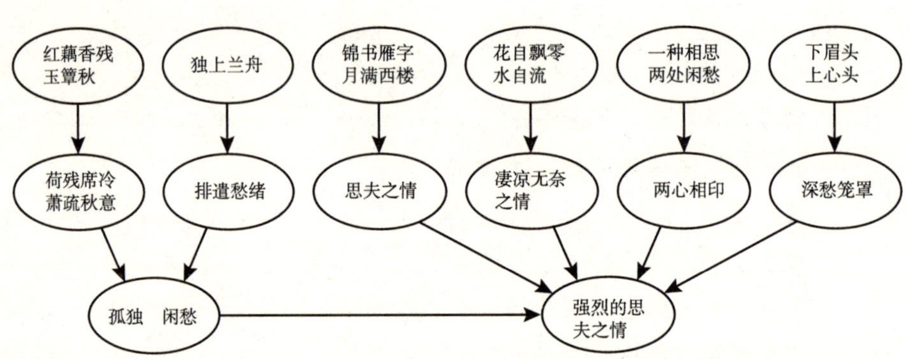


李清照在这首词中以灵巧之笔抒写思念丈夫的眷眷之情：荷已残，香已消，冷滑如玉的竹席，透出深深的凉秋，轻轻脱换下薄纱罗裙，独自泛一叶兰舟。天空中燕群排成队形飞回来，（有没有）传回谁的家书？鸿雁飞回的时候，（转眼间）已是夜晚，如洗的月光倾泻在西楼，（我在这盼望着）。

花，自在地漂零，水，自在地漂流，一种离别的相思，你与我，牵动起两处的闲愁。啊，无法排除的是——这相思，这离愁，刚从微蹙的眉间消失，又隐隐缠绕上了心头。

读罢译文，我们看到，两个译者都极力渲染主人公处于相思中的忧伤、痛苦，但都诠释过度，比如，词人借“锦书”、“大雁”、“月满西楼”抒发在寂寞凄凉的夜晚思念丈夫，望眼欲穿盼来信的心绪，言简而意丰，意象含蓄蕴藉，给读者无限的遐想空间。而译文一：“飞翔的大雁/用双翅/冲破云层……/它要飞向何方?”译文二：“月光飘荡……一团稀疏的乌云/……呼叫着，飞过夜空”两个译文似乎都塑造了一只凌空飞翔的大雁的形象。再如，词人以“花自飘零水自流”象喻人生、年华、离别，给人以凄凉无奈之感，又抒发了丈夫离开自己以后的寂寞寥落之感，是词人精心选择的意象，而译文一：“花儿/俯向冷冷的大地/像从前一样/将花瓣抛落/……大山将我们阻隔……”;译文二：“……花朵/不知被水流冲向何处/命运/让我们天各一方/但心里/是和你在一起的”；都是译者自己的理解，极大地削弱了原词“无可奈何花落去”之感和“水流无限似侬愁”之恨。又如，“才下眉头，却上心头”简洁而又生动地刻画出内心挥之又来、无法排遣的绵绵痛苦和相思之情，也是词人精心塑造的意象，译文一的诠释是“苦痛永远不可消除。/从额上赶走/又从眉上擦去/……毒药一般充满了血肉/咬噬着我的心/百倍地痛”。译文二的诠释是“忧伤甚至不想有片刻/放过我/从眉头上将其赶下/凶狠的它/却用它的刺/扎入我的心”。两个译文都把原本可以激起读者深思回味的意象用自己的理解解说得“事无巨细”，把读者遐想的空间堵得密不透风，不留一点余地。

原文是一首相当富有诗情画意的词作，作者通过含蓄蕴藉的意象把她望断天涯、神驰象外的情思和遐想、与丈夫心心相印的刻骨相思之情抒写得淋漓尽致，意境幽美哀婉，情感的表述真挚、深沉。但译文在思想表达和审美的艺术效果方面逊色许多。

请再看一例：

关 山 月

李 白

明月出天山，苍茫云海间。

长风几万里，吹度玉门关。
汉下白登道，胡窥青海湾。
由来征战地，不见有人还。
戍客望边色，思归多苦颜。
高楼当此夜，叹息未应闲。

李白此诗，意在叹息征战之士的苦辛和后方思妇的愁苦。他用“明月出天山，苍茫云海间。长风几万里，吹度玉门关”的万里边塞图景来引发这种感情，用广阔的空间和时间做背景，带着一种更为广远、沉静的思索，并在这样的思索中，把眼前的思乡离别之情融合进去，从而营造更深远的意境。

开头明月—天山—云海—长风—玉门关是象征辽阔边塞的典型意象，“明月出天山”是指征人戍守在天山之西，回首东望，所看到的明月从天山升起的景象。诗人把只有大海上空才更常见的云月苍茫的景象与雄浑磅礴的天山组合到一起，新鲜而壮观。这里表面上似乎只是写了自然景象，但只要设身处地体会这是征人东望所见，那种怀念乡土的情绪就很容易感觉到了。“汉下白登道，胡窥青海湾。由来征战地，不见有人还。”这是在前四句广阔的边塞自然图景上，迭印出征战的景象。汉高祖刘邦领兵征匈奴，曾被匈奴在白登山围困了七天。而青海湾一带，则是唐军与吐蕃连年征战之地。这种历代无休止的战争，使得从来出征的战士，几乎见不到有人生还故乡。这四句在结构上起着承上启下的作用，描写的对象由边塞过渡到战争，由战争过渡到征戍者。“戍客望边色，思归多苦颜。高楼当此夜，叹息未应闲。”战士们望着边地的景象，思念家乡，脸上多现出愁苦的颜色，他们推想自家高楼上的妻子，在此苍茫月夜，叹息之声当是不会停止的。战士们想象中的高楼思妇的情思和她们的叹息，在以上那幅万里边塞图和征战的广阔背景的衬托下，显得格外深沉。

译文一：

**Луна над пограничными горами**

Луна над Тянь-Шанем восходит светла,

И бел облаков океан,
И ветер принесся за тысячу ли
Сюда от заставы Юймынь.
С тех пор, как китайцы пошли на Бодэн,
Враг рыщет у бухты Цинхай,
И с этого поля сраженья никто
Домой не вернулся живым.
И воины мрачно глядят за рубеж —
Возврата на родину ждут,
А в женских покоях как раз в эту ночь
Бессонница, вздохи и грусть.

(перевод А. Ахматовой)

译文二:

**Луна над горной заставой**

Над горами Тяньшань
Золотая восходит луна,

И плывет в облаках
Беспредельных, как море, она.

Резкий ветер, принесшийся
Сотни и тысячи ли,

Дует здесь, на заставе,
От родины нашей вдали.

Здесь, над Ханьской Дорогою,

Горы нависли в упор,

Гунны здесь проходили
К озерной воде Кукунор.

И по этой дороге
Бойцы уходили в поход,

Но домой не вернулись,
Как ныне никто не придет.

Те, кто временно здесь,
Да и весь гарнизон городской —

Все горюют о родине,
Глядя на север с тоской.

Эту ночь я опять
Проведу в кабачке за вином,

Чтоб забыться на время —
Не думать о доме родном.

（перевод А. Гитовича）

诗人通过放眼于古来边塞上的漫无休止的民族冲突，意在揭示战争所造成的巨大牺牲和给无数征人及其家属所带来的痛苦，但对战争并没有作单纯的谴责或歌颂，而像是沉思着一代代人为它所支付的沉重的代价，从译文一对“高楼当此夜，叹息未应闲”意象的诠释（А в женских покоях как раз в эту ночь / Бессонница, вздохи и грусть.）可以看出，译者领会到作者要传达的这种思绪，因此对原意象的深层意蕴略加揭示，只增添了 в женских покоях, грусть. 来予以“完形”处理，既不偏离核心意象，又使译文读者易于了解原诗人要阐发的思想意旨。反观第二个译文，译者只揭示了“戍客”的思乡愁苦之情，而且过分增添了自己的诠释，“完形”过度，比如，Эту ночь я опять /Проведу в кабачке за вином, /Чтоб забыться на время—— / Не думать о доме родном. 是译者的凭空想象，增加了借酒消愁的环节，对“戍客”的愁苦又着重渲染了一番，而对“高楼思妇”的情思未予传达。不但让我们丝毫看不到“思妇”的影子，而且对战争苦难的揭示程度也自然减少了一半，思想性及艺术效果远远逊色于译文一。可见，“完形”要围绕原文的核心意象进行，且不能过度，否则只能“事倍功半”。

中国诗学力主“含蓄”，忌实，忌露，忌满，忌直，认为“善言情者，吞吐深浅，欲露还藏，便觉此中无限。善道景者，绝去形容，略加点缀，即真相显然，生韵亦流动矣”。

> 其旨义在于对读者怀有信赖感，相信读者的经验、悟性、理解力和想象力等所构成的主观心理图式，必能以其强大的投射机制，将“欲露还藏”之情，“略加点缀”之景，在自己心中组合成说不尽、道不完的情景交融的艺术境界。从这个意义上说，更少就是更多，这就是含蓄美。①

那么，译者也应该相信译文读者的“主观心理图式”，在再塑译文格式塔的同时对诗人有意留下来的空白尽量“保持原作之风姿”，为译文读者也提供一个玩味咀嚼“韵外之致”、“味外之旨”的机会。

## 第四节 小 结

众多的翻译理论家对译诗有两个基本看法：一是要基本再现原作的思想情感和意境；二是译诗是一种艺术创造，认为译者不仅完成了译语语言手段的选择，而且译文更是他在新的语言、民族、社会、历史等等条件下重新创造的一

① 童庆炳：《中国古代心理诗学与美学》，中华书局 1992 年版，第 101 页。

部艺术作品。“真正灵活、真有灵感的翻译，虽然不能径就取代原作，却不失为一种创作，一种定向的、有限的创作。”① 本章我们运用格式塔心理学闭合性原则对上述问题做了一些探讨。在中国古典诗词翻译的意象转换中，我们看到，诗词是留有艺术再创造的巨大空间的，因为含蓄、凝练本来就是中国古诗词的突出特点，所以译者完全可以根据译语的语言和审美习惯进行意象的再塑造，创造自己的格式塔质，使译诗成为一个新的艺术品。但是这种创造只能在一定的限度内进行，那就是在思想上，保持与原诗同样的“质”，同样的生命，同样的色彩；在风格上，保持与原文同样的激情、风趣和生气，也就是说，不要违背原诗的核心意象。这个过程可视为是自由与限制的和谐统一：一方面应该“不尽于言”：不是被原诗人笔下的文辞所束缚，而是在原诗文辞的基础上展开丰富的想象、联想和积极主动的艺术再创造；另一方面又“不外于言”—— 即对原诗的创造性理解和发挥又不脱离其客观内涵。余光中先生曾经形象地用旗与风的关系为喻，说明译文与原文的关系：“译文是旗，原文是风，旗随风而舞，是应该的，但不能被风吹去。这就要靠旗杆的定位了。旗杆，正是译文所属语文的常态底限看，如果逾越过甚，势必杆摧旗飏。”②

① 余光中：《余光中谈翻译》，中国对外翻译出版公司2000年版，第174页。

② 余光中：《余光中谈翻译》，中国对外翻译出版公司2000年版，第176页。

# 第四章　诗歌翻译中意象转换的类型分析

我们为诗词翻译定了三个原则：（1）理清意象链，保持作者思维的连续性；（2）抓住核心意象——意象的格式塔质；（3）挖掘深层意蕴。这三个原则是我们实践的标尺，是我们努力的方向，我们译诗的目标是力求在译文读者中唤起与原文读者同样的思想和感情，产生原文理应激起的共鸣。

但我们也知道，译本绝不可能是原作内容的翻版，因为译本所用文字不同，语言和文化体系既不对称也不同形，“就和谐来说，无论你怎么斟酌，总不免有偏差和错位”。而且，由于各人生活经验和阅历以及审美能力的不同，要求不同的人对同一事物有相同的感受只不过是人们的愿望。显然，抱着种种美好的理想来对译者提出期望是不可行的，我们的目的不是向译者发号施令，说你应该如何如何去译，我们尽可能站在欣赏者的角度去审视这个过程，去发现这一过程的独特之处，并力求探寻隐藏在这一过程中的隐性的规律，发现所存在的不足，最终目的还是要回归翻译和欣赏的实践，以期今后对于译者哪怕在某一细小的环节上有所启迪。

因此，本章完全站在客观的角度分析中国古诗词的译本，冷静地审视一下，究竟有多少译文真正把握住三个原则？没有把握住三个原则的译文又有什么表现？通过研读大量的俄译本，我们发现，从意象转换的角度可以将它们归纳成如下类型：“象”似“意”达；“象”异“意”似；“象”似“意”异和“象”异“意”异，下面分节来阐述。

## 第一节“象”似“意”达

所谓“象”似“意”达，是指译者尽量克服与原作者的时间间距和历史文化间距，借助和原文相似的“象”来表达与原文相近的“意”。这是我们接触到的最理想的翻译，译者以其全部的热情和智慧去迎受和接纳原作，充分“沉潜”于其中，调动自己的一切生活积累、艺术经验和审美能力深刻探究、玩味、体会原作者的心灵轨迹，最终对原文核心意象和深层意蕴作出合理的解读和完美的再现。

这是完美的翻译也是最难做到的翻译。因为任何诗歌的译本想在译文读者中产生与原作在原文读者中完全一样的效果是不可能的。译者与原作者之间由于时间、环境和文化背景等原因，往往存在着一定的距离，译者要想对原作意旨有准确的理解和把握，绝非易事。托尔曼把翻译比做绘画艺术，他说，没有一个画家能完美地重现自然风景。最好的画家并不是用与自然同样的颜色表现自然景色中的每一个细节；最好的画家应该是有感于壮丽的自然景色，并认识到绘画艺术的局限性，然后使自己的画尽可能地接近大自然的美景。① 我们所说的“意”达，也是指译者在把握三个原则的基础上使译作尽可能地接近原作。

西方现代哲学阐释学大师加达默尔曾提出“视域融合”的观点，他认为，各种文本和典籍都蕴含原作者一定的视域，他称之为“初始的视域”。这一视域是原作者思考问题的切入点，有当时的历史情境和文化背景的烙印。据他的观点，我们可以把后来的译者在现今具体历史文化情境中形成的独特的视域称为“现在的视域”。显然，任何译者都无法回避两种视域的差异。能做到“象”似“意”达的翻译家不是完全抛弃自己“现在的视域”而置身于“初始的视域”，也不是把原作者“初始的视域”简单地纳入自己“现在的视域”，他能够把两种视域融合起来，形成一个新的视域。翻译诗歌、诠释意象的过程应该就是一个“视域融合”的过程。

请看唐代温庭筠的《商山早行》：

---

① 参见郭建中：《当代美国翻译理论》，湖北教育出版社 1999 年版，第 8 页。

晨起动征铎，客行悲故乡。
鸡声茅店月，人迹板桥霜。
槲叶落山路，枳花明驿墙。
因思杜陵梦，凫雁满回塘。

我们用图来表示原文意象丛：

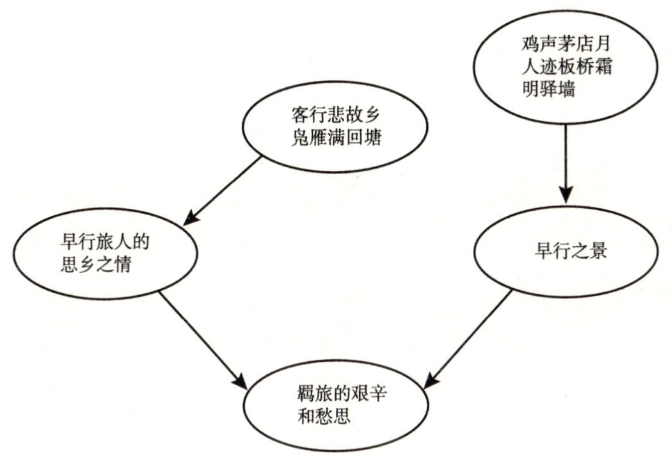


原文的颔联“鸡声—茅店—月”、“人迹—板桥—霜”是脍炙人口的名句。两句各三个意象并列呈现，中间没有任何连缀的词语，这种“蒙太奇”的组合方式却大大扩展了诗歌的联想空间，行人的羁愁旅思也得到了更为强烈的表现。李东阳在《怀麓堂诗话》中说：“‘鸡声茅店月，人迹板桥霜’，人但知其能道羁愁野况于言意之表，不知二句中不用一二闲字，止提掇出紧关物色字样，而音韵铿锵，意象具足，始为难得。”两句诗的意象之间省却一切中间媒介，平静中流淌着淡淡的寂寞和忧伤，游子悲苦凄凉的心境仿佛不需多言而自然会被读者寻味到，正应了梅尧臣所说，好诗都是“状难写之景如在目前，含不尽之意见于言外”。我们来看这首诗的译文：

**Утро в горах Шаншань**

С рассветом снова в путь. Качнулся бубенец,

И сердце замерло. Как отчий край далёк!
Крик петуха. Свет призрачный луны.
Заиндевелый мост, следы от чьих-то ног.

Слетает с дуба на тропинку лист,
Цвет померанца белый над стеной,
И мне невольно грезится Дулин,
Где перелетных птиц в прудах полным-полно.

（перевод М. Басманова）

总体来说，这首诗译得是很成功的，原文的意象丛及其深层意蕴均得到了体现。首句表现早行的情景用 С рассветом снова в путь. / Качнулся бубенец 译出，是原诗比较忠实的再现。“客行悲故乡”句有译者的再创造，把诗人的心境用更加具体的方式描绘了出来，虽不如原文含蓄凝炼，但译者没有拘泥于一字一句，而是用 сердце замерло 表现原文的意象，让译文读者自己去感悟其字面后的意蕴。接下来的千古名句用 Крик петуха. / Свет призрачный луны. / Заиндевелый мост, следы от чьих-то ног. 译出，призрачный 是译者为保证节奏加上去的，虽然“茅店”因节奏韵律的限制未能译出，但译文也采用了原诗的意象组合方式，因而使早行的情景宛然在目，原文的画面感得以保留，读者也自然能品出画面中所蕴含的“不尽之意”。“槲叶落山路，枳花明驿墙”两句写的是刚上路的景色，其中“明驿墙”这个意象中的“明”字是诗眼，应为天还没有大亮，驿墙旁边的枳花就比较显眼，所以用了“明”字，更突出了游子的“早行”。译文 Цвет померанца белый над стеной 把 белый 放在 Цвет 之后，而不是之前，说明译者细心地体察到原作者的情感和意绪，因而理解了这个“明”字的重要，就用 белый 来表现。“因思杜陵梦”句的译文 И мне невольно грезится Дулин, / Где перелетных птиц в прудах полным-полно. 是比较成功的翻译，不再赘述。

再来看白居易的《花非花》：

花非花，雾非雾，夜半来，天明去。

来如春梦几多时？去似朝云无觅处。

这首诗可从整体上视为一个意象，由一连串比喻构成，“非花”、“非雾”均系否定，却包含一个不言而喻的前提：似花、似雾。“夜半来，天明去”取喻于花与雾，说明所咏之物短暂易逝，难持长久。“梦”原来也是一比，“夜半来”者像春梦，春梦虽美却短暂，于是引出一问：“来如春梦几多时?”“天明”时可见朝霞，云霞虽美却易幻灭，于是引出一叹：“去似朝云无觅处”。真是环环紧扣，如行云流水，但喻意却始终没有明说，诗的意境蒙上一层朦胧的色彩。读者似能体会出作者对于生活中存在过而又消逝了的美好的人与物的追念、惋惜之情。再看译文：

**Цветы—не цветы**

Как будто цветы. Не цветы.
　　Как будто туман. Не туман.

Приходит в полуночный час,
　　уходит наутро с зарей.

Приходит，подобно весеннему сну,
　　на несколько быстрых часов.

Уходит，как утром гряда облаков,
　　и после нигде не сыскать.

（перевод Л. Эйдлина）

译者保留了原汁原味，用相似的意象表达了相近的内涵，译文读者不难体会原诗朦胧的意象下潜藏的无尽的意蕴。

再看李白的《清平调词》：

云想衣裳花想容，春风拂槛露华浓。
若非群玉山头见，会向瑶台月下逢。

“云想衣裳花想容”可看做一个意象，“想”字有正反两方面的理解，可以说是见云而想到衣裳，见花而想到容貌，也可以说把衣裳想象为云，把容貌想象为花，又似在写花光，又似在写人面，短短七个字立刻让人有花团锦簇之感。“露华浓”这个意象进一步来点染花容，指美丽的牡丹花在晶莹的露水中显得更加艳冶，也以风露暗喻君王的恩泽，使花容人面愈发艳美。下面，诗人的想象忽又升腾到天堂西王母所居的群玉山、瑶台。“若非”、“会向”实为肯定之意：这样超绝人寰的花容，恐怕只有在上天仙境才能见到！玉山、瑶台、月色，是诗人精心选择的意象，用一色素淡的字眼，映衬花容人面，使人自然联想到白玉般的人儿，又象一朵温馨的白牡丹花。与此同时，诗人又不露痕迹，把杨妃比作天女下凡。来看译文：

**Из цикла «Стихи на мелодию Цинь Хэ»**

Твой, словно облако, наряд,
　　а лик твой—как пион,
Что на весеннем ветерке
　　росою окроплен.
Коль на вершине Цюньюйшань
　　не встретился с тобой,
- увижусь у дворца Яотай
　　под светлою луной.

(перевод Б. Мещерякова)

该诗的译者似乎悟透了诗人的心思，用相近的意象保持了原诗意象链条的完整，对全诗格式塔质——核心意象的把握也较到位。

再看李白的《玉阶怨》：

玉阶生白露，夜久侵罗袜。
却下水晶帘，玲珑望秋月。

这是一首宫怨诗。前两句写无言独立玉阶，露水浓重，浸透了罗袜，主人公却还在痴痴等待。后两句写寒气袭人，主人公回房放下水晶帘，仍然隔着帘子望着玲珑的秋月。前两句写久等显示人的痴情；后两句以月亮的玲珑，衬托人的幽怨。全诗无一语正面写怨情，然而又似乎让人感到漫天愁思飘然而至，有幽邃深远之美。诗人对意象的选择极为精心：玉阶—白露—罗袜—水晶帘—玲珑秋月，一切都是素净、淡雅、玲珑剔透的，从而使全诗充满了淡淡的幽雅的情调。来看译文：

**Тоска у яшмовых ступеней**

Ступени из яшмы
Давно от росы холодны

Как влажен чулок мой!
Как осени ночи длинны!

Вернувшись домой,
Опускаю я полог хрустальный

И вижу—сквозь полог —
Сияние бледной луны

（перевод А. Гитовича）

译者用 Ступени из яшмы，от росы холодны，полог хрустальный，Сияние бледной луны 等相近的意象与原文意象链条保持一致，表达了与原诗相近的意蕴。

再看李白的《金陵城西楼月下吟》：

金陵夜寂凉风发，独上高楼望吴越。
白云映水摇空城，白露垂珠滴秋月。
月下沉吟久不归，古来相接眼中稀。
解道"澄江净如练"，令人长忆谢玄晖。

该诗可以分出几个意象丛：

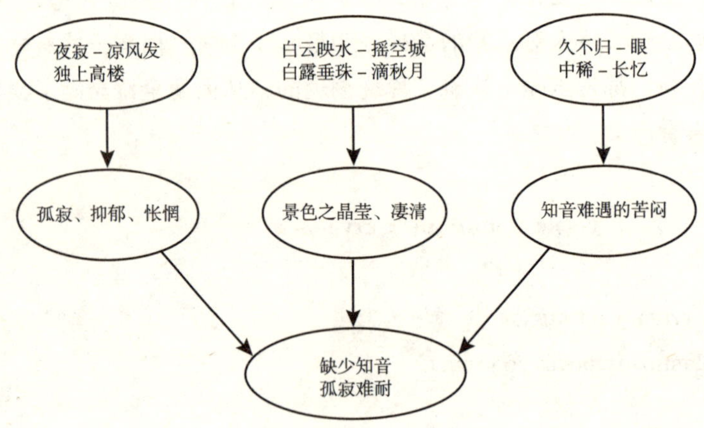


第一个意象丛表现诗人在静寂的夜间，独自一人登上城西楼。从"夜寂"、"独上"、"望吴越"等意象中，隐隐地透露出诗人登楼时孤寂、抑郁、怅惘的心情。诗人正是怀着这种心情来写"望"中之景的。

第二个意象丛主要通过几个诗眼来烘托意境：两个"白"字，在色彩上分外渲染出月光之皎洁，云天之渺茫，露珠之晶莹，江水之明净。"空"字，在气氛上又令人感到古城之夜特别静寂。"摇"、"滴"给你的幻觉是城也摇荡起来，露珠是从月亮上滴下似的，整个静止的画面飞动起来，可谓"着一字而境界全出"。

第三个意象丛表现诗人在慨叹人世混浊，知音难遇。一个"稀"字，吐露了诗人一生怀才不遇、愤世嫉俗的苦闷心情。知音者"眼中"既然"稀"，诗人很自然地怀念起他所敬慕的历史人物。谢玄晖（谢朓）是南齐著名诗人，诗风清新秀逸，曾任过地方官和京官，后被诬陷，下狱死，其孤直、傲岸的性格和不幸遭遇同李白相似，谢在一首诗中用"澄江净如练"把清澈的江水比喻成洁白的丝绸。李白夜登城西楼时心情同样苦闷（李白写此诗是在他遭权奸谗毁被排挤离开长安之后），就很自然地会联想到当年谢朓笔下的江景，想到谢朓写此诗的心情，于是发出会心的赞叹："解道'澄江净如练'，令人长忆谢玄晖。"其深层意蕴是我与谢朓精神"相接"，他的诗我能理解；今日我写此诗，与谢朓当年心情相同，有谁能"解道"、能"长忆"呢？可见李白"长忆"谢朓，乃是感慨自己身处暗世，缺少知音，孤寂难耐。

这首诗，表面看来，似乎信笔挥洒，仔细玩味，则脉络分明，一线贯通。这根"线"，便是全诗的格式塔质——核心意象："愁情"。这条感情线索时显时隐，逐步趋向深化，使全诗笼罩着苍茫、悲凉、沉郁的气氛。

我们来看译文：

**На западной башне в городе**

**Цзиньлин читаю стихи под Луной**

В ночной тишине Цзиньлина
Проносится свежий ветер.
Один я всхожу на башню,
Смотрю на У и на Юэ.
Облака отразились в водах
И колышут город пустынный,
Роса, как зерна жемчужин,
Под осенней луной грущу я
И долго не возвращаюсь.
Не часто дано увидеть,
Что древний поэт сказал.
О реке говорил Се Тяо:
« Прозрачней белого шелка », —
И этой строки довольно,
Чтоб запомнить его навек.

（перевод А. Ахматовой）

该译文对原诗意象链条分别用 ночная тишина—свежий ветер—Один всхожу—отразились в водах—колыхать—зерна жемчужин—Под луной грустить—Не часто дано увидеть 予以再现，其中 грустить 是译者根据对全诗核心意象的把握添加上去的，符合原文的整体气氛，要知道，原诗并没有带出一个“愁”字，说明译者对原作进行了反复咀嚼，对作者的内在思绪进行了深入体察，因而译文是译者和作者心灵互动的产物，属于“象”似“意”达的翻译。

通过分析，我们看到，做到“象”似“意”达的译者都全身心地投入到了原作中，去感悟、品味、去体验作者的思想和情绪，捕捉作者心灵的脉动，不在作品的表层徜徉，而是把审美的触角进一步向深层延伸，首先从整体上把握诗意、诗情、神韵，继而选择合适的意象予以组合，符合前述的三个原则。

## 第二节　“象”异“意”似

“象”异“意”似的翻译是指译者用不同的“象”去再现与原诗相近的“意”。译者抓住原文的格式塔质，在充分理解意象表层涵义的同时，深入其更为内在的深层结构，参悟那些“超以象外”的隐含之意，力求实现对作品“最高灵境”的把握。

请看李清照的《点绛唇》：

寂寞深闺，柔肠一寸愁千缕。惜春春去，几点催花雨。
倚遍阑干，只是无情绪。人何处？连天芳草，望断归来路。

这是一首借伤春写离恨的闺怨词。全词神韵悠然，层层深入揭示了女主人公心中无限愁情。

作者通过“愁肠一寸愁千缕”两个意象把“愁”这个无形的意绪变成了可以丈量（一寸）、可以目测手摸（千缕）的有形体，使人对她的愁绪有了更为感性的了解，从而在读者心中激起强烈的共鸣。“惜春春去”，“落花雨”中，我们似乎听到淅沥的雨声催逼着落红，春花也凋落了，还是不直言其愁，却仍让人感到一丝愁绪，这是伤春之愁，也正是惜青春、惜年华之愁。

下片写凭阑远望。中国古典诗词中，常用“倚阑”表示人物心情悒郁无聊，“倚遍”则活画出一深闺女子在百无聊赖的“无情绪”中感到的烦闷苦恼。愁情越发深重。

结尾处点明凭阑远望的目的，同时也暗示了“柔肠一寸愁千缕”、“只是无情绪”的根本原因，读者追随着主人公的视线仿佛看到萋萋芳草正顺着女子意中人归来时所必经的道路蔓延开去，一直延伸到遥远的天边，然而望到尽头，唯见“连天芳草”。

这首词写出了让人肝肠寸断的千缕浓愁，结尾“望断”二字写尽盼归不能的愁苦，此时感情已积聚至最高峰，全词达到高潮。

为更好地理清原文意象丛，我们用以下图来表示：

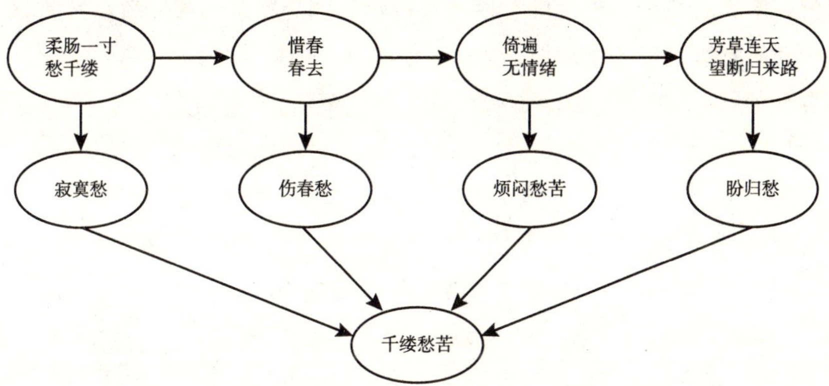


**Дяньцзяньчунь**

Всюду в доме моем тишина,

И душа паутиною грусти

Крепко-крепко оплетена.

Вот и снова уходит весна:

Лепестки под дождем облетают.

И опять я на башне одна.

Где же тот，кто лишил меня сна? …

Поросло все высокой травой,
И дорога ему домой
В гуще зелени не видна.

（перевод М. Басманова）

译文对原文中经典意象“柔肠一寸愁千缕”的翻译是 душа паутиною грусти /Крепко-крепко оплетена. 虽不是字当句对，但形象生动，且揭示了原意象的深层含蕴，是对中国意象成功的再现。对其他意象的处理也并没有拘泥于表层结构，比如译者根据自己的理解添加的 тишина，Лепестки под дождем облетают，опять одна，лишил меня сна，зелени не видна 等，都源于对全篇整体格式塔质的理解。由此可见，只要对原文核心意象把握得当，表面看来不完全相同的意象也可表达近似的涵义。

再看一例：

鲁郡东石门送杜二甫
李　白
醉别复几日，登临遍池台。
何时石门路，重有金樽开？
秋波落泗水，海色明徂徕。
飞蓬各自远，且尽手中杯。

这首诗以情动人，以美感人，从“醉别”开始，干杯结束，一气呵成，充满诗情画意，是脍炙人口的佳作。核心意象可理解为：醉别友人。

全诗有一条一贯到底的意象链条：石门—金樽—飞蓬—手中杯。石门是一座风景秀丽的山峦，是诗人与杜甫经常游览的幽雅胜地，是二人友谊的象征，金樽—手中杯，则是二人共同情趣嗜好的象征，通过这几个意象热烈地表达了诗人希望重逢欢叙的心情。“飞蓬”指朋友离别后如转蓬随风飞舞，各自飘零，言有尽而意无穷，倾吐了李白对杜甫的难舍难分、依依惜别之情。

他们是在秋高气爽、风景迷人的情景中分别的：“秋波落泗水，海色明徂徕。”勾勒了一个山清水秀、隽美秀丽的背景，自然美与人情美——真挚的友情，互相衬托；胸怀坦荡的友谊和清澄的泗水秋波、明净的徂徕山色交相辉映，景中寓情，情随景现，体现了诗人的豪放不羁和乐观开朗，再看译文：

**Провожаю Ду Фу на востоке округа Лу у горы Шымынь**

Мы перед разлукой
Хмельны уже несколько дней.

Не раз поднимались
По склонам до горных вершин.

Когда же мы встретимся
Снова，по воле своей.

И снова откупорим
Наш золоченый кувшин?

Осенние волны
Печальная гонит река.

Гора бирюзовою
Кажется издалека.

Нам в разные стороны
Велено ехать судьбой —

Последние кубки
Сейчас осушаем с тобой.

（перевод А. Гитовича）

从译文中我们看到，译者根据原诗整体的格式塔质对部分意象进行了诠释性翻译，比如，对“石门”句的翻译是 Когда же мы встретимся，Снова，по воле своей，虽与原诗意象不尽相符，但表达了同样的希冀重逢之情。对“飞蓬”意象的处理是 в разные стороны / Велено ехать судьбой，虽未出现“飞蓬”的字眼，但意思相近，同样表达飘零的无奈。

这种类型的译诗把握住了原诗的核心意象，在不违背原诗意蕴的前提下，在对具体意象的选择和组合上有所创造，这在译诗时是完全允许的。

## 第三节　“象”似“意”异

“象”似“意”异的翻译是指译者虽然用了与原诗近似的“象”，但却没能再现原诗的“意”，偏离了原文的格式塔质。译者往往“徜徉”于诗歌的表层，没有全身心地投入到作品之中，因而不能感同身受地体察诗人的情感脉动，没有做到与诗人心灵上的相契与共通。

请看李清照的《如梦令》：

昨夜雨疏风骤，
浓睡不消残酒。

应是绿肥红瘦

试问卷帘人，
却道海棠依旧。
知否？知否？
应是绿肥红瘦。

这首小令虽为少女伤春之作，但作者并没有直接写百花如何凋零、如何悲伤惆怅，而是借助雨疏—风骤—浓睡—残酒—绿肥—红瘦等意象传递主观感受，以引起读者的共鸣。

雨疏—风骤指风吹得紧而雨却是疏落，浓睡—残酒说明主人公刚刚醒来还带些酒意，但仍然记着前日的风吹雨打，惦记着满园的海棠，可见其惜花爱花之心。“卷帘人”“却道海棠依旧”，使她感到意外。“却”字隐隐道出对方回答时的漫不经心，其粗疏淡漠与主人公的细腻委婉形成对比。因此才有下文略带不满的诘问“知否？知否？应是绿肥红瘦。”主人公急切地连用两个“知否”来纠正对方的答复，绿肥—红瘦两个意象新颖别致、生动传神，词人用“绿”指满枝的绿叶，用“红”指枝头的花朵，“肥”形容雨后的叶子因水分充足而茂盛，“瘦”形容雨后的花朵因不堪雨打而凋谢稀少，创造了一个全新的意境。而更深一层，“红”还隐指了春天绚丽的景象与色彩，隐指了春天美好的事物以及在春天里的喜悦心情，这样，“红瘦”意象就表明春天的渐渐消逝，其中寄寓了主人公无可奈何的惜花伤春的殷殷情意，曲折委婉，不需直言，不假雕饰，却更令人心动。

再看译文：

**Жумэнлин**

Ночь сегодня ненастной была,
Дождь и ветер стучали в окно.
И под шум их я крепко спала,
Только хмель не прошел все равно.

Шум шагов. Шорох шелковых штор.

И разлился по комнате свет…
Я спросила: « С бегонией что?
Или за ночь осыпался цвет?

Неужели она —
Как была,
Неужели
Не отцвела? »

« Нет. Но красного меньше не ней,
Она стала еще зеленей ».

（перевод М. Басманова）

在译文中，我们看到，风雨、浓睡、残酒、红、绿等意象得到了体现，但译者把主人公在原诗没有明说的问题按照自己的理解作出诠释，译文结构成为主人公和“卷帘人”的一问一答，作为翻译的技巧这本是无可厚非的，但问题是，少了最后一个环节——主人急切的诘问，显得译文只是轻描淡写地说明海棠花在经历风雨之后 Не отцвела，不过是 стала еще зеленей，原文主人公在得到不尽准确的回答之后流露出的强烈的惜春爱花之情丝毫没有体现。

可见，译者没有悟透原诗的核心意象——格式塔质及其深层意蕴，只满足于表面的形式，因此，虽然大部分意象的表层义得到转换，但译文整体的效果并不理想。

请再看一例：

虞美人

李　煜

春花秋月何时了，往事知多少。小楼昨夜又东风，故国不堪回首月明中。

雕阑玉砌应犹在，只是朱颜改。问君能有几多愁，恰似一江春水向东流。

全词抒写亡国之痛，意境深远，感情真挚，结构精妙，语言清新，取得了惊天地泣鬼神的艺术效果。

原词意象链：春花秋月—小楼东风—月明回首—雕阑玉砌—朱颜都是能带给人们美好联想的事物，却让词人触景伤情，勾起对往昔为人君时的美好生活的无限追思，今昔对比，徒生伤感。往昔美好都已消逝，化为虚幻了，“东风”带来春的讯息，却引起词人“不堪回首”的嗟叹，真是“亡国之音哀以思”。回首处“雕栏玉砌应犹在，只是朱颜改”。想象中，故国的江山、旧日的宫殿都还在吧，只是物是人非，江山易主；怀想时，多少悲恨在其中。词人把亡国之恨、心情之苦都寄寓在意象之中，读者不难体会到词人心灵上的波涛起伏和忧思难平。最后，词人的满腔幽愤汇成了一个惊人的意象“一江春水”，把愁思比做“一江春水”就使抽象的情感显得形象可感。愁思如春水奔放倾泻，不舍昼夜，无尽东流，把感情在升腾流动中的深度和力度全表达出来，大大增强了作品的感染力，每个读者都会被这不尽的哀思深深打动。

再看译文：

**Юймэйжэнь**

Вновь весенняя светит луна,
Вновь раскрылся весенний цвет.

Ах, когда же придет конец
Этой вечной смене времен?

А когда-то бывало не так:
Сколько радостей знал я весной!

Прошлой ночью в лачуге моей
Снова ветер с востока дохнул.

Тяжко родину вспоминать
При сиянье весенней луны.

Как，наверно，яшмой горят
В этом свете перила крыльца

И разных ступеней ряды
Там，в далеком моем дворце！

Только юность моя прошла，
Алый цвет на щеках поблек.

Как，скажите，такую тоску
Может сердце одно вместить？

Нет конца ей，как водам весной，
Что разливом бегут на восток.

（перевод В. Марковой）

译者显然理解了原词意在表达愁苦之情，因此，对最后的“一江春水”意象作出了恰当的解读：Нет конца ей，как водам весной，/ Что разливом бегут на восток. 但词人因何而苦？译者似乎理解得并不透彻，因为他对“只是朱颜改”的理解是 Только юность моя прошла，/ Алый цвет на щеках поблек.（青春已逝，面颊上的红润退去了）。虽在字面上译出了“朱颜”，但却使译文的核心意象发生偏离，原词中“朱颜”表面上是指雕阑玉砌的颜色，实际上暗指江山不再，国破家亡，作者把亡国的哀思都寄托在意象中了。经过译者的诠释后，译文读者会误认为词人只是由于变老才如此忧愁，“一江春水”中寄寓的强烈的亡国之痛及不尽的愁苦之情就显得有些无病呻吟，原词的思想性和艺术感染力被极大地削减。

上述译例说明，意象是诗人主客观的统一体，偏离了“意”的“象”，即使与原诗相近，也是不符合原诗的核心意象的，归根结底是由于译者没有深入到作者心灵中去细心体察而造成的。

## 第四节“象”异“意”异

“象”异“意”异的翻译是指译者既没能把握住表层的“象”，也未能再现深层的“意”，这是最不成功的一种翻译，这种译文偏离原诗的格式塔质，未能挖掘出原诗的深层意蕴，实际上属于误译。

先来看李清照《醉花阴》：

薄雾浓云愁永昼，瑞脑销金兽。佳节又重阳，玉枕纱厨，半夜凉初透。

东篱把酒黄昏后，有暗香盈袖。莫道不消魂，帘卷西风，人比黄花瘦。

核心意象：愁、凉、思亲

深层意蕴：古人在旧历九月九日这天，有赏菊饮酒的风习。词人通过描述重阳佳节独自把酒赏菊的情景，烘托了一种凄凉寂寥的氛围，表达了思念丈夫的孤寂心情。

先用以下图表分析原诗的意象链条：

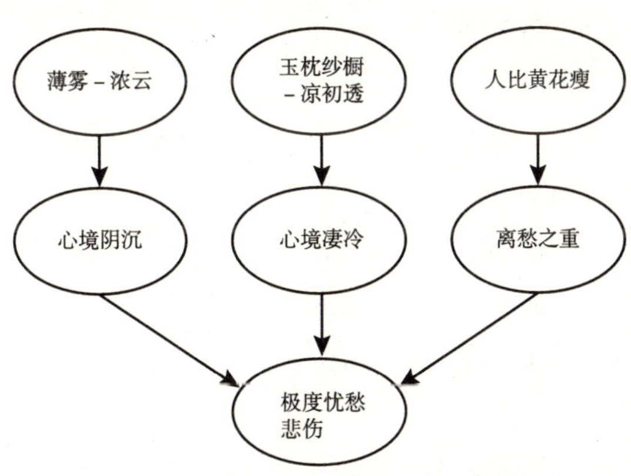


在这首词里，虽然写的是思亲，但是却没有出现思亲或相思之苦的语句，而是用了叙事的方式，表达出深深的思亲的愁苦。上片是重阳节由白昼到深夜

一整天的生活感受，“薄雾”、“浓云”烘染出沉郁的气氛，“愁永昼”衬托词人度日如年、倍感无聊的心境。“玉枕纱厨……凉初透”的凉，既是身体之凉，更是心里之凄凉，贯穿“永昼”与“一夜”的是“愁”、“凉”二字。这是构成下片“人比黄花瘦”的原因。下片则更是以“愁”为暗线，“东篱把酒”为排遣离愁，“暗香盈袖”触动了愁绪，然后逐步深化，最后达到高潮。“人比黄花瘦”是词人精心选择的意象，以帘外之黄花与帘内之人相比拟映衬，用人瘦胜似花瘦，真挚含蓄地表达了极度的凄苦离愁，给人以余韵绵绵、美不胜收之感。这是全文的点睛之笔，是烘托整体格式塔质最关键的意象，是解读深层意蕴的钥匙，也为读者提供了广阔的想象空间。

请看译文：

**Цзуйхуаинь**

Прозрачной дымкой, тучею кудлатой
Уходит долгий
Непогожий день.
Девятый день грядет луны девятой,
Свеча курится пряным ароматом,
Пугливую отбрасывая тень.

К полуночи
Повеяло прохладой,
Под полог проникает ветерок.
И будет одиночеству наградой
Лишь яшмовой подушки холодок

Припомнилось мне: в тихий час заката
Мы за плетнем восточным
Пьем вино
Еще поныне в рукавах халата

Таится запах сорванных когда-то
Цветов，которых нет уже давно.

Какой измерить мерою страданье！
А ветер западный
Рвет шторы полотно…
Ты желтой хризантемы увяданье
Увидеть мог бы，заглянув в окно.

（перевод М. Басманова）

译文虽然译出了…дымкой，тучею …，Непогожий день，Повеяло прохладой，проникает ветерок，яшмовой подушки холодок，в тихий час заката，Таится запах，А ветер западный，Рвет шторы полотно…等意象，并根据自己的理解增加了будет одиночеству наградой，Припомнилось мне：Мы за плетнем восточным，Пьем вино，сорванных когда-то Цветов，которых нет уже давно. Какой измерить мерою страданье！等诠释，且不说这些诠释是否有损于原词含蕴凝重的意境之美，是否失去了那种"无一字不秀雅"、"令人再三吟咀而有余味"的美妙韵味，单看关键意象"人比黄花瘦"的翻译。译者对该意象的转换是Ты желтой хризантемы увяданье，Увидеть мог бы，заглянув в окно. 与原词意象大相径庭，只强调了黄花的枯萎凋零，却未能与被离愁折磨得比黄花凋零更可怜的人联系起来。诚然，前面提过，在保证译文整体格式塔质不偏离于原文的情况下，译者有权利省却部分意象或作相应变通，也可增加自己的诠释，但关键意象不能省，否则会极大削弱原文思想意蕴和美学色彩。

这种翻译就属于"象异意异"，实际上是一种误译，是由于译者对原诗不解或误解造成的。

## 第五节　小　结

本章我们对一些译文实例进行了比较分析，粗略地把意象转换分作四种类型，意在进一步考察意象转换的各种情境，并从意象转换的角度说明译文优劣的鉴别标准。好的译文必然符合原诗的核心意象（格式塔质）及其所包含的深层意蕴；至于每个意象相符甚至字当句对则并不一定是好的译文。偏离核心意象的译作注定是不成功的。而要译出好的诗词，在译者具有相应的文化素养的基础上，必须与作者做到心灵互动，细致考察诗作产生的时代和个人背景，体察作者的思想情感，厘清他们选择的意象及其链接组合情况，抓住核心意象，从而进行再度创作，译出适合本国语言和审美习惯的译文来。

# 第五章　意象转换中难以逾越的障碍

在前几章中，我们分析了中国古典诗词翻译中意象转换的原则及译本的基本类型。我们认为，中国古诗词是可译的，因为这种诗歌的格式塔质——核心意象具有普适性（универсальность）。不管用什么语言去翻译，诗歌通过意象烘托出的整体的诗情、诗意都是可以得到再现的。但我们也知道，中国古诗词的产生是有其特定的时代背景的，这个时代背景赋予了它独特的文化特色和语言特色，决定了它独有的表现方式，包括语词、音律和节奏等。即使用本民族的当代语言来“转换”，也不能避免古诗词许多独特魅力的流失。翻译工作者需要努力的方向，就是尽可能从各个方面减少这种流失或对这种流失予以弥补。因此，本章论述的内容和前几章的观点是不矛盾的。

如果想进一步提高古诗词俄译的水平，我们必须冷静客观地审视这一翻译实践活动，我们看到，在保证原诗诗意得到传递的情况下，很多细节上的障碍几乎是难以逾越的，而这种种障碍其实是极大地削弱了译诗的“力道”的。但在未来不排除有更加高明的译者出现，可以巧妙地解决目前对于翻译工作者来说非常棘手的问题，从而把古诗词翻译的水平带到更高的一个层次。

本章也许叫做“暂时难以逾越的障碍”或“尚待解决的问题”更妥帖些。

## 第一节　先例现象与文化信息的流失

俄语中的先例（прецедент）一词，源自拉丁语 preccedens，表示“以前发生的事”或“以前说过的话”。Ю. Н. Караулов 于 1986 年首次提出“先例文本”这一概念。他认为，先例文本包括三方面涵义：（1）先例文本对某语言个性在认知和情感方面具有特定意义；（2）先例文本具有超个体性质，为该语言个性先辈及同代人所熟知；（3）先例文本在该语言个性话语中多次复现。[①] 后来，В. В. Красных、Д. Б. Гудков、И. В. Захаренко 等一批年轻学者，将“先例文本”概念扩展为“先例现象”（прецедентный феномен），用来指所有那些“（1）为民族语言文化共同体成员所熟知的（具有超个体性质的）；（2）在认知（认识和情感）层面实际存在的；（3）在某民族语言文化共同体成员话语中经常复现的”现象，同时，他们还指出，“先例现象既可以是言语的，也可以是非言语的：前者包括各种不同文本，即言语思维活动产物，后者包括绘画、雕塑、建筑、音乐作品等”。[②]

在此基础上，他们将语言形式的先例现象从结构上分为先例文本（прецедентный текст）、先例话语（прецедентноевысказывание）、先例名（прецедентноеимя）和先例情景（прецедентная ситуация）。它们的共同之处在于：（1）其语言成分的意义总和不等于先例现象本身的涵义；（2）为该语言文化群体的成员普遍熟知；（3）在交际过程中被多次复现。先例现象之间不存在严格的界限。在交际过程中，有共同来源的先例现象往往相互交叉、相互参照、相互提携。对于一个民族来说，先例现象的意义在于它蕴涵着该民族对事物、现象的最基本的看法和认识，具有一定的民族性、社会性。

**1. 先例情景与意象的转换**

先例情景是带有伴随意义的、“标准”的、“典范”的情景，通过本民族语言文化群体长期的认知和情感评价之后得到认可，表示一个反映民族特色的固定意义，为该群体内的所有人员所熟悉，当在该群体内部成员间的言语交际中复现时，能够引起共同的联想，形成一种思维定式，不需要任何附加说明就能被理解。

每个民族的诗歌都承载着自己的历史传统，作为中华民族智慧的结晶的中国诗歌，历经诗经、楚辞、汉赋、汉魏乐府、唐宋诗词、元曲、明清诗曲直至近现代诗，历史悠久，文化积淀深厚，文化特色鲜明、独特，而这些特色大多是通过丰富多彩的意象表达和传递的。从语言文化学先例理论视角来看，我们

---

① Караулов Ю. Н.: *Русский язык и языковая личность*, Москва: Наука, 1987, с. 216.

② Красных В. В., Гудков. Д. Б. и др.: *Когнитивная база и прецедентные феномены в системе других единицив коммуникации*, Вестник Московскогоуниверситета, 1997, с. 30.

发现，中国古诗词的意象中蕴含着极为丰富的先例情景。

拿诗歌创作的取材来说，其民族性、地域性是非常突出的。大凡中国诗歌中选取的历史事件、风土人情、山川景物、风俗习惯都是中国独有的，表现这些人、物、事、景、俗的意象都传递着中国的人文特色，很难混同于哪个异国他邦的诗歌意象。这些浸染着中国文化独有特色的意象具有超个体性质，为本族人民所熟知，能够引起文化同源的读者们共同的联想，原因就在于意象中拥有的先例情景使我们形成了思维定式。

比如，中国古典诗歌由于广泛采用历史典故入诗，从而出现了一种特殊的意象。李白就多用典故表情达意。他的《妾薄命》全诗都借用汉武帝宠妃阿娇由受帝王宠幸的荣耀到失宠的悲凉的故事，概括当时妇女的不幸命运，最后发出“昔日芙蓉花，今成断根草，以色事他人，能待几时好”的感叹。《行路难》三首抒写李白功业未遂被迫离开长安，政治上失意的悲愤之情，以及由此产生的心灰意懒的心绪。在第二、三首作者连用了典故作意象表达这种心情。《行路难》其二开首四句：“大道如青天，我独不得出。羞逐长安社中儿，赤鸡白狗赌梨栗。”述说自己失意，但又耻于与那些以斗鸡走狗为乐的市井之徒为伍。接着就用了一组典故引申自己的思想感情：第一个用了《战国策》中冯谖客孟尝君的典故“弹剑作歌奏苦声，曳裾王门不称情”。冯谖是齐国孟尝君的食客，因不满当时的待遇，屡次弹剑作歌，慨叹生活不如意。孟尝君多次满足了冯谖的要求，后冯谖为孟尝君设“狡兔三窟”，使孟尝君在齐国为相数十年。第二个用了韩信和贾谊的典故：“淮阴市井笑韩信，汉朝公卿忌贾生”，韩信曾受市井少年侮辱，从其胯下匍匐而过。当时市人都讥笑他，以为怯弱。贾谊曾帮助汉文帝改革政治，为朝廷大臣所忌，遭到诬陷和排挤。李白以冯谖、韩信、贾谊自况，喻自己怀才不遇，不为世人理解而遭排斥。第三个用了燕昭王尊贤揽才的典故：“君不见，昔时燕家重郭隗，拥篲折节无嫌猜。剧辛乐毅感恩分，输肝剖胆效英才。”战国时燕国被齐国打败，燕昭王想发愤雪耻，就筑黄金台招揽天下贤士。他首先重用郭隗，为他修筑宫室居住，邹衍来投时燕昭王亲自拿着扫帚屈身在前面引路。后来剧辛、乐毅也来投奔。燕昭王拜乐毅为大将军，攻下齐七十余城。李白怀念燕昭王，就是反讽当朝不能任用贤才。所以他感慨：“昭王白骨萦蔓草，谁人更扫黄金台？行路难，归去来！”最后的“归去来”他又用了陶渊明“归去来辞”的典故。在这首诗里李白用一组典故构成意象群表达了非常丰富的感情。

典故把丰富的思想情感内涵注入凝练的语言中，增强了诗歌的表达力，充分显示了民族的文化传承。作为一种先例情景，只为文化同源的读者所熟知，自然增加了译者理解和翻译这类诗词的难度。如何在译文中再现原语的文化积淀和人文特色已成为译诗中难以逾越的障碍。很多诗歌在翻译之后都或多或少地存在着文化信息流失的问题。

拿李白的《忆东山》为例：

不向东山久，蔷薇几度花。
白云还自散，明月归谁家。

下面是译文：

**Вспоминаю горы востока**

В горах Востока
Не был я давно.

Там розовых цветов
Полным-полно.

Луна вдали
Плывет над облаками

А в чье она
Опустится окно?

（перевод А. Гитовича）

东山，在浙江上虞县西南，是东晋著名政治家谢安隐居的地方。李白向往东山，是由于仰慕谢安。这位在淝水之战曾击败苻坚百万之众于八公山下的传奇人物，在出仕前曾长期隐居东山。东山旁有蔷薇洞，相传是谢安游宴之地，山上有谢安所建白云、明月二堂。李白写这首诗时正在长安，唐玄宗亲自下诏召他进京，但却没有给他像谢安那样大展雄才的机会，相反，正直和傲慢的诗人却招来权贵们的忌恨，这是作者写此诗的背景。诗中蔷薇、白云、明月并不是信笔写出，而是借助典故表达作者厌倦仕途，向往东山之隐，渴望归去的情绪，同时，东山是和谢安这样的政治家结合在一起的，诗人也可能借此表达希望“东山再起”，实现自己的匡国济世之志的渴望。可见，对译者来说，把握全诗的写作背景、弄通典故再着手翻译至关重要。

我们看到，译者用 В горах Востока/Не был я давно. 来诠释“不向东山久”，易使读者误认为这只是普通的写景之作。“蔷薇几度花”也不是诗人随意写出的，而 Там розовых цветов/Полным-полно. 的译法给译文读者的印象只是山上开满粉红色的花。白云、明月指的是山上谢安所建的白云、明月二堂，另外，语带双关，既切合东山之景，又衬托诗人澹泊明洁的品格。Луна вдали/Плывет над облаками/А в чье она/Опустится окно. 的译法使读者无从了解原作者真正想要抒发的情怀，无从体会诗人借“东山”之名既渴望归隐，又打算待时而起的矛盾心境。

可见，文化信息对于决定意象的隐含意义有多么重要，译者应尽可能最大限度地留意诗歌写作的历史氛围，重视民族文化传统的力量。古代诗人多为饱学之士，受传统文化浸淫日久，各种典故烂熟于胸，常常博采经史子集中的人和事溶化在诗句中，使诗歌语言附着上了浓密的文化信息，要想直接译出典故是不可能的，好的译者每每要从浓缩在诗中的一个个丰富的人物故事和广阔的时代背景来理解隐蔽在意象后面的涵义，从而选取恰当的意象，并且通过加注等方式予以弥补。

**2. 先例话语与意象的转换**

В. Г. Костомаров 和 Н. Д. Бурвикова 将先例话语视为文本简化的结果，可以是一个词、词组或句子。这些学者进一步将先例话语和先例现象联系在一起，认为在每一先例话语之后都隐藏着特定的先例文本和先例情景，在形成先例话语含意过程中起到重要作用。语言是意象的物质外壳，我们认为，与意象相关的先例话语主要指中国古典诗词中反复出现、表达某种特定内涵、具有浓厚的文化伴随意义的意象词语，或取自典故，或来自神话传说，或因袭前人。

喜爱诗歌的人都知道，在写送别相思之情的诗作中，常常会出现“柳”、“酒”、“月”、“雁”、“楼”、“春草”、“落叶”、“游子”、“故人”、“孤山”、“春”、“朝”、“暮”、“秋”、“风”、“蝉”等以及“孤帆”、“长亭”、“南浦”、“浮云”、“落日”等意象；又如“松”、“竹”、“梅”、“菊”一类事物，往往被赋予特定的意义，以象征人们高洁的品格；还有“桃花”象征美人，“牡丹”寄寓富贵，“杨花”以示飘零等说法；此外，取自典故的意象词语也俯拾皆是，如喻指坚守信约的“抱柱”、借指为正义事业流血的“碧血”、代指边境之敌的“楼兰”、借指隐居生活和坚守节操的“采薇”等。各种不同题材的诗歌，均有适合表现这一题材的意象类型。

这些具有历史传承性的意象词语就是先例话语，带有厚重的文化伴随意义，为本民族人所熟知，其涵义在文化同源的读者中不需多加解释。比如，我们看到“雁”就会想到诗人是在抒发离愁别绪或表达对亲人的思念之情：“鸿雁于飞，肃肃其羽。”（《诗经·小雅·鸿雁》）“孤雁飞南游，过庭长哀吟。”（曹植《杂诗》）再如唐朝边塞诗人高适的《别董大》：“千里黄云白日曛，北风吹雁雪纷纷。莫愁前路无知己，天下谁人不识君？”这是一首送别诗。前两句写送别时的景色，后两句是劝勉之词。在写送别情景时作者用了“雁”这一意象，就是为了营造一种离别的气氛。

再比如宋代范仲淹的《渔家傲》：“塞下秋来风景异，衡阳雁去无留意。四面边声连角起。千嶂里，长烟落日孤城闭。浊酒一杯家万里，燕然未勒归无计。羌管悠悠霜满地。人不寐，将军白发征夫泪。”这首词是范仲淹镇守西北边疆，防御西夏入侵时所作的。词中表达出作者坚持击溃外族入侵的决心，同时也反映了作者思念家乡的惆怅情绪。词中第二句用了“衡阳—雁去—无留意”一组意象，特别是“雁”这个核心意象，表达他的乡愁。元代王实甫的《西厢记·长亭送别》中一折的序曲：“碧云天，黄花地，西风紧，北雁南飞。晓来谁染霜林醉，总是离人泪。”这一折是莺莺送张生赴京赶考，作者除了用了“雁”，还有其他一些意象，都是渲染离别之苦的。

具有历史传承意义的先例话语表现在诗歌中就成为能引发出某种固定情绪和习惯性联想的程式化意象，换句话说，也是一种人类感情诉诸艺术形象而形成的“客观关系”（艾略特）或“现成用语”。瑞士著名心理学家荣格（Jung，1875－1961）将它解释为人类心理深层集体无意识的一种历史积淀。他认为，我们人类的祖先，曾有过许多不断反复出现的精神事件，这些精神事件所凝结成的心理体验以原始意象（即原型）的形式，世世代代相继延传，以大脑解剖学上的结构遗传保留在我们的头脑中。对后人而言，原型是“同一类型的无数经验的心理残迹”。

> 每一个原始意象都是关于人类精神和人类命运的一块碎片，都包含着我们祖先的历史中重复了无数次的欢乐和悲哀的残余。①

在荣格看来，文学艺术是由人类祖先预先埋藏在作家艺术家心中的一粒“种子”孕育而成的。种子本身是有生命的，它总要发芽开花和结果，作家、艺术家个人不过是这粒种子赖以生长的土壤，时代环境也不过是某种必要的气候条件。

古典诗词中经常出现的先例话语，可以说，正是祖先们反复体验的精神模式在我们心灵上的积淀物。如“落花”、“暮春”、“流水”、“风雨啼鸟”等是凝聚了人类千百年来共同具有的特定感情而被不同时期不同诗人所重复使用的意象，多用来表现年轻女子相思中的烦恼和对即将逝去的青春的惋惜。以“落花”为例，《诗经》中有“苕之华，芸其黄矣，心之忧矣，维其伤矣”（《小雅·苕之华》），《楚辞·离骚》中有“惟草木之零落兮，恐美人之迟暮”的天才创造。唐诗中以“落花”为青年女子之象喻者可谓俯拾皆是。初唐诗人刘希夷的《代悲白头翁》，其诗略云：“洛阳儿女好颜色，坐见落花长叹息。今年花落颜色改，明年花开复谁在？”“落花”表达了诗人对美的留恋，激起人们的惆怅和忧伤，使人想起春天的消逝、流水的无情和风雨的摧残等这样一些人类社会和自然界永恒存在的情感和现象。再如“梧桐”大多表示凄苦之音：“春风桃李花开日，秋雨梧桐叶落时”（白居易《长恨歌》），“梧桐树，三更雨，不道离情正苦”（温庭筠《更漏子》），“寂寞梧桐，深院锁清秋”（李煜《相见欢》），“梧桐更兼细雨，到黄昏，点点滴滴”（李清照《声声慢》）等；还有“杜鹃“（子规）大多在古诗中成为凄凉、哀伤的象征：“杨花落尽子规啼”（李白《闻王昌龄左迁龙标遥有此寄》）；“梨花雪，不胜凄断，

① ［瑞士］荣格：《心理学与文学》，冯川、苏克译，三联书店 1987 年版，第 9 页。

杜鹃啼血”（贺铸《忆秦娥》）；“杜鹃声里斜阳暮”（秦观《踏莎行》）；“子规夜半犹啼血，不信东风唤不回”（王令《送春》）。再如用“落日”暗示韶华已逝的迟暮之感；要表达分别、相送、离愁之意就说“章台”、“灞岸”等，而“章台”、“灞岸”中已蕴“昔我往矣，杨柳依依”之情；用“豆蔻”说青春年华；用梅、竹指清白、高洁（节）之志，用黄沙寓边关与战争，等等，诸如此类，不胜枚举。

以上提到的“雁”、“落花”、“梧桐”、“杜鹃”等从心理学角度讲，它们是使用共同语言的人类的共同感情在深层意识中的长期积淀；从美学角度讲，它们是一些具有相对稳定性的独立的艺术符号系统；[①] 从文艺学的角度，我们把它叫做诗歌的意象，那么从语言文化学角度讲，它们就是激起文化同源的读者共鸣的先例话语。

之所以在诗文中不断重复这些先例话语，在荣格看来，目的是：

> 唤起一种比我们自己的声音更强的声音。一个用原始意象说话的人，是在同时用千万个人的声音说话。他吸引、压倒并且与此同时提升了他正在寻找表现的观念，使这些观念超出了偶然的暂时的意义，进入永恒的王国。[②]

也就是说，这是诗人为了增强表现力并使具有相同文化背景和语境的读者产生共鸣而采取的手段。

翻译中最大的困难是什么呢？正是两种文化的不同，语言是文化的载体，人类社会发展不同时期及不同民族的文化都会在语言中留下自己的印迹。翻译绝不是一个纯语言的行为，它深深根植于语言所处的文化之中。在一种文化里有一些不言而喻的东西，在另外一种文化里却要费很大的力气才能解释，[③] 对我们来说有着不言而喻的情感内涵的先例话语对译者来说却是理解和转换的障碍，翻译不仅要克服语言的障碍，更要克服文化的障碍。如何处理诗词意象中所蕴涵的文化信息，如何用另一种语言在完全不同的社会背景下再现原作的精

---

① 参见陈植锷：《诗歌意象论》，中国社会科学出版社1990年版，第9页。

② 转引自童庆炳：《文学理论教程》，高等教育出版社1992年版，第171页。

③ 参见冯玉律：《“不到位”、“错位”和“越位”》，载《外语学刊》1993年第6期。

髓，是每个译者面临的艰巨任务。

请看一例：

春夜洛城闻笛

李　白

谁家玉笛暗飞声，散入春风满洛城。

此夜曲中闻折柳，何人不起故园情。

这首诗是李白游洛阳时所作。描写在夜深人静之时，听到笛声而引起思乡之情。因是夜闻，声在暗中飞，笛声以风声而吹散，风声以笛声而远扬：

**Весенней ночью в Лояне слышу флейту**

Слышу: яшмовой флейты музыка,
Окруженная темнотой.

Пролетая, как ветры вешние,
Наполняет Лоян ночной.

Слышу «Сломанных ив» мелодию,
Светом полную и весной…

Как я чувствую в этой песенке
Нашу родину—сад родной!

(перевод А. Гитовича)

本来诗人只是在被动地欣赏着一曲从不知什么地方传来的悠扬的笛声而已，但当他一旦听清了曲子之后，自己的心情便情不自禁地被《折杨柳》的情调所深深地感染，在不知不觉中陷入了沉思，是谁在这连空气中都蕴含着无限的情思的春夜，吹起这令人感伤的曲调！为什么闻笛声诗人会触动乡思呢？原来吹的是《折柳》曲。古人送别时折柳，盼望亲人归来也折柳。“柳”谐“留”音，故折柳送行表示别情。长安灞桥即为有名的送别之地，其地杨柳为送行人攀折殆尽。所以，《折柳》为全诗点睛，亦即“闻笛”的题义所在，折柳代表一种习俗，一个场景，一种情绪，几乎就是离别的同义语，它能唤起一连串具体的回忆，使人们蕴藏在心底的乡情重新激荡起来，这首诗写的是闻笛，但它的意义绝不仅仅限于描写音乐，诗人意在借折柳意象表达对故乡深深的思念，这才是它感人的地方。因此，只有同一文化背景下的读者才能体会诗人此时此刻的离愁相思之情。译文 Слышу « Сломанных ив » мелодию 即使加上注释也难免有文化流失，译文读者是无法感同身受的。

再如王维的《红豆》：

红豆生南国，春来发几枝？
愿君多采撷，此物最相思。

这是借咏物而寄相思的诗。红豆产于南方，结实鲜红浑圆，晶莹如珊瑚。传说古代有一位女子，因丈夫死在边地，哭于树下而死，化为红豆，于是人们又称呼它为“相思子”。诗中用“红豆”这个意象意味深长地寄托情思，抒写眷念朋友之情，暗示珍重友谊，表面似乎嘱人相思，背面却深寓自身相思之重；最后一语双关，“相思”与首句“红豆”呼应，既是切“相思子”之名，又关合相思之情。“此物最相思”就像说：只有这红豆才最惹人喜爱，最叫人忘不了呢，这是补充解释何以“愿君多采撷”的理由，而读者从话中可以体味到更多的东西。诗人的满腹情思始终未曾直接表白，委婉含蓄，句句话儿不离红豆，而又“超以象外，得其圜中”，把相思之情表达得入木三分。所以此诗语浅情深。

再看译文：

Красные бобы
В долинах юга.
За весну

Еще ветвистей стали.
Наломай побольше их
Для друга —
И утешь меня
В моей печали.

原诗的中心意象是相思，译文虽在字面上用了与原文同样的意象：Красные бобы，但从译文来看，我们似乎体会不到原诗的整体气质。首先，译者没有就红豆暗含的相思之意作出介绍，读者没有相关的文化预设，就不会理解作者借红豆意象抒发的相思之情；另外，从 И утешь меня / В моей печали. 来看，读者会误认为红豆有解忧的功能，这样一来，译文就偏离了原文的中心意象。其实，即使译者给出文化背景介绍，译文读者对 Красные бобы 这种陌生的“豆”所产生的心理认同感也会大大低于原语文化背景下长大的读者，对诗歌深层意蕴的感悟自然也会浅得多，这就是文化障碍带给翻译工作者的遗憾。

另外，古典诗词中有很多根据中国特有事物创造的意象，也往往造成翻译的难点，但其内涵对文化同源的读者来说是不言自明的，我们也把它们归入先例话语。

请看李白的《望庐山瀑布》：

日照香炉生紫烟，遥看瀑布挂前川。
飞流直下三千尺，疑是银河落九天。

译文：

За сизой дымкою вдали
Горит закат,

Гляжу на горные хребты,
На водопад.

Летит он с облачных высот
Сквозь горный лес —

И кажется：то Млечный Путь
Упал с небес.

（перевод Александра Гитовича）

香炉，指庐山香炉峰，据乐史《太平寰宇记》：“在庐山西北，其峰尖圆，烟云聚散，如博山香炉之状。”而香炉又是佛、道教敬神燃香用的器具。此句一语双关，实写香炉峰的雾气蒸腾。全诗意为：太阳照着香炉峰，生出紫烟冉冉；远远望去，瀑布像长河挂在山前。三千尺飞流喷涌直下，莫非是银河从九天垂落崖前！

可见，作者是因香炉峰而生发联想，把它比为一座顶天立地的香炉，冉冉地升起了团团白雾，在红日照耀下化成一片紫色的云霞，为瀑布创造了很好的背景。但从第一句的翻译 За сизой дымкою вдали，Горит закат 却找不到香炉这个比喻性意象，那么，дымка 这个词就显得有些莫名其妙：没有炉，哪来的烟呢？读者也丝毫不会想到世上会存在这样一个天然形成的大“香炉”，原诗的恢弘气势荡然无存。

再看最后一句的翻译：И кажется：то Млечный Путь，Упал с небес. 原诗“疑是银河落九天”句写得豪迈大气，那奇特大胆的想象使人读来回肠荡气，但再看俄文，还是莫名其妙：“路”是个固体的东西，怎能落下来？难道从天上砸下来？而瀑布是流动的液体，和“路”又有什么关系？诚然，“银河”在字典上的翻译的确是 Млечный Путь，但译者面对的不是科学文献，首先应摈弃的就是词对词的生搬硬译，如果把银河译为 Млечный Путь，“那么，像我国美丽的民间故事牛郎织女七夕相会，要靠喜鹊在银河上搭桥成全好事的情节，就很难实现了，因为牛郎织女之间只隔一条‘路’而不是‘河’！”[①] 看来，如何处理这个比喻性意象，是个相当棘手的事情。谢天振教授在《译介学》中曾就赵景深把 Milky Way 译成“牛奶路”所引起的争论做

① 转引自谢天振：《译介学》，上海外语教育出版社 1999 年版，第 180 页。

过分析，他认为，不同的文化意象之间存在着错位的现象：你认为是条“河”，他却以为是条“路”，这种错位现象给翻译，尤其是文学翻译，带来了很大的困难。[1]

诗人胡怀琛曾说：

> 或谓文学不可译，此言未必尽然。文学有可译者，有不可译者。能文者善于翦裁锻炼，未为不可译。若据文直译，则笑柄乃见矣。相传英人译中国“驰骋文场”四字为“书桌上跑马”，如此，安怪夫或之言？以予所见，英文译李白《子夜歌》一诗“总是玉关情”一句，“玉关”即译其音，不可谓错；然华人可按文而知“玉关”为若何地，英人不知也。词句精神已失。推此意，吾国人译西文亦犹是。大抵用典愈多，愈不可译。[2]

这大概是我国译学史上最早见诸文字的关于文学可译与否的讨论。我们今天说文学语言包括诗歌是可译的，但我们不得不承认，原诗文化意象的失落，文化信息的丢失是不可避免的。

**3. 译者策略**

翻译绝不是一个纯语言的行为，它深深根植于语言所处的文化之中。诗歌意象中拥有的先例现象使我们形成了思维定式，浸染着中国文化独有特色具有超个体性质的意象只为文化同源的读者所熟知，却给译者增加了难度。如果能用加注的办法对意象中蕴含的先例现象进行诠释，则可以适当再现原语的文化积淀，或多或少避免文化意象的失落。

以《春夜洛城闻笛》为例，为弥补原诗文化信息的流失，可以对先例话语“柳”意象做如下诠释：« Сломанные ивы »—подразумеваются ветви ивы; при разлуке было принято отламывать веточку ивы и давать уезжающему на память. Поэтому « зелёные ивы » в поэзии обычно встречаются в стихах, описывающих прощание, печаль в разлуке и тоску по отсутствующим.

---

① 参见谢天振：《译介学》，上海外语教育出版社1999年版，第180页。

② 转引自陈福康：《中国译学理论史稿》，上海外语教育出版社1992年版，第193页。

再以李白的《听蜀僧濬弹琴》为例：

蜀僧抱绿绮，西下峨眉峰。
为我一挥手，如听万壑松。
客心洗流水，余响入霜钟。
不觉碧山暮，秋云暗几重。

下面是这首诗的两个译文版本：

译文一：

**Слушаю，как монах Цзюнь из Шу играет на лютне**

С дивной лютней
Меня навещает мой друг，

Вот с вершины Эмэя
Спускается он.
И услышал я первый
Томительный звук —

Словно дальних деревьев
Таинственный стон.

И звенел，
По камням пробегая，ручей，

И покрытые инеем
Колокола

Мне звучали

В тумане осенних ночей…

Я старик，не заметил，
Как ночь подошла.

（перевод А. Гитовича）

译文二：

Слушаю，как Цзюнь，монах из Шу，
Играет на цине

Монах из Шу берёт
Зелёную с узором…

На западе под ним
Утёс Бровей крутых.
Едва коснулся струн —
Подхватывают хором

Сосновые леса
В ущелинах земных.

Врачуя гостя дух，
Уже поют потоки，

В заиндевелых
Звон стоит колоколах…

Подкравшийся закат
Позолотил отроги.

И вновь в который раз
Смеркается в горах.

(перевод Э. Балашова)

原诗意象多处用典，其中蕴含的先例情景不胜枚举。仅拿“客心洗流水”来说，全句可从整体作为一个意象来看，是说听了琴声，自己的心好像被流水洗过一般愉悦舒畅。这里包含着一个古老的典故：伯牙善鼓琴，钟子期善听。伯牙鼓琴，志在登高山，钟子期曰：“善哉，峨峨兮若泰山！”志在流水，钟子期曰：“善哉，洋洋兮若江河！”诗人在这里是借典故表现蜀僧和自己通过音乐所建立的知己之感。在译文中体现这个先例情景确实很有难度，可以采用加注的方法。第一位译者是这样注释的：Здесь содержится намёк на предание о Юй Бо-я, древнем мастере игры на лютне, жившем в эпоху《Борющихся царств》(481 – 221 до н. э.). Юй Бо-я играл на лютне для своего друга Чжун Цзыци, который прекрасно понимал музыку и всегда узнавал, что именно хотел лютнист выразить звуками, — будь то шум леса в горах или журчанье текущих струй. Когда Чжун Цзы-ци умер, Юй Бо-я разбил свою лютню, считая, что теперь уже не для кого играть, и навсегда забросил своё высокое искусство. (Гитович 1957: 157) 通过译者的诠释，译文一的读者获得了解读原诗深层意蕴的文化预设，但译文二的读者则难以领会诗人借先例情景想要表达的与朋友间惺惺相惜的知己之感。

再看一例：

送友人
李　白
青山横北郭，白水绕东城。
此地一为别，孤蓬万里征。
浮云游子意，落日故人情。
挥手自兹去，萧萧班马鸣。

译文一：

**Провожаю друга**

Зеленеет гора,
Там，где города северный край.
Серебрится река,
Повернув за восточной стеной.
Здесь，на этой земле，
Говорим мы друг друга：Прощай!
Ты за тысячи ли
Должен мчаться летучей травой.
Странник，в мыслях твоих —
Лишь плывущие вдаль облака.
А у друга в душе —
Лишь закатного солнца печаль.
Ты отправился в путь，
И воздета в прощаньи рука.
Разлученный скакун
Вдруг заржал в опустевшую даль…

（перевод Б. Мещерякова）

译文二：

**Проводы друга**

Там，где Синие горы
За северной стали стеной.

Воды белой реки

Огибают наш город с востока.

На речном берегу
Предстоит нам расстаться с тобой.

Одинокий твой парус
Умчится далёко-далёко.

Словно лёгкое облачко,
Ветер тебя понесет.

Для меня ты—как солнце,
Ужели же время заката?

Я рукою машу тебе —
Вот уже лодка плывет.

Конь мой жалобно ржет—
Помнит：ездил на нём ты когда-то

（перевод А. Гитовича）

译文二的译者将“孤蓬”误认为是“孤篷”，因此翻译为 Одинокий парус。冯玉律教授在一篇文章中曾提到：“出现这种偏差的原因不仅在于‘蓬’和‘篷’这两个汉字字形相近，易于混淆，还在于译者不了解‘蓬’这个词的文化背景知识。蓬，飞蓬是一种菊科植物，茎高尺余，叶如柳，开小白花，秋天干枯后，能随风飞起，有点象俄罗斯人所说的 перекатиполе（风滚草）。”[①] 孤蓬是作为意象出现的先例话语，在古代送别诗中经常出现，类似的还有飞蓬、转蓬、飘蓬、秋蓬等，如“飞蓬各自远，且尽手中杯”，“饮罢离

① 冯玉律：《词语的文化内涵与翻译》，载《外国语》1993 年第 1 期。

亭西去，浮生长恨飘蓬”。这类意象借蓬草的随风飞舞，飘零远逝，慨叹漂泊坎坷的人生，充满了凄凉哀伤的情调。特别是这首《送友人》，诗人不仅借孤蓬的飘飞表达了对朋友今后人生的关切，还用了“浮云”、“落日”两个比喻型意象表明心意。天上漂浮无依的一抹云朵，就像朋友行踪不定的人生，远处一轮红彤彤的夕阳徐徐而下，似乎不忍离开大地，暗示诗人依依惜别的心情；“孤蓬”、“浮云”、“落日”构成一个意象链条。

译文一把“孤蓬”译为 летучая трава，译文读者不难理解这个譬喻，更为难得的是译者还用注释作了如下说明：летучая трава—сорная трава, созревшие соцветия которой отламываются от стеблей и носятся по воле ветра. В поэзии, метафорический образ чиновника, которого, как «перекати-поле», всё время перегоняет с места на место ветер государственной службы. 这个解释虽不很充分，但仍有助于译文读者领会原作者送别朋友时的悲凉心境。

## 第二节　意象外在形式的流失

翻译是一项复杂的活动，涉及多方面的问题，在对翻译的探索中，我们往往处在种种矛盾之中。前面已谈过意象转换的原则，不偏离原文的整体格式塔质是我们着重要考虑的方面，为保证实现这个原则，其他方面有的不得不舍弃，但舍弃的很多方面又是原诗的精华所在，因此，这个矛盾还有待于广大的翻译工作者去探讨解决。

**1. 对偶型意象链**

在中国诗歌中，“对称法则”得到了淋漓尽致的表现。比如，对偶这种常见的修辞手法不仅能在意义上，也能在形式上得到充分运用。杜甫《旅夜书怀》中的名句“星垂平野阔，月涌大江流”就是很好的例子：上下句都五个字，五个音节，给人留下听觉和视觉上的整齐美，音律的呈现则是“平平平仄仄，仄仄仄平平”，也是非常整齐的对偶；从意义上讲，“星”对“月”，“垂”对“涌”，“平野”对“大江”，“阔”对“流”；全句静对动，广阔对悠长，立体对平面。如此工整贴切的对偶在唐诗中俯拾皆是。我们从意象的角度来看这种诗句在翻译中能否得到体现。

对偶的句子构成一种独特的意象链条："对偶可以把不同时间和空间的意象组合在一起，让人看了这一面习惯地再去看另一面，""对偶是连接意象的一座很好的桥梁，有了它，意象之间虽有跳跃，而读者心理上并不感到是跳跃，只觉得是自然顺畅的过渡。"① 比如"鸟去鸟来山色里，人歌人哭水声中"（杜牧《题宣州开元寺水阁，阁下宛溪，夹溪居人》）是两个不同空间的意象，用对偶连接起来，表现一种山居景色。再如"昔闻洞庭水，今上岳阳楼"。（杜甫《登岳阳楼》）是同一空间不同时间的两个意象的组合；"城阙辅三秦，风烟望五津"。（王勃《送杜少府之任蜀州》）是同一时间不同空间的意象组合；"此日六军同驻马，当时七夕笑牵牛"。（李商隐《马嵬》）前一句说的是马嵬坡前，六军不发逼迫唐玄宗处置杨贵妃兄妹；后一句是昔日唐玄宗与杨贵妃七夕时在长生殿的立誓。诗人把不同时间不同空间的两个意象用对偶的技巧组合到一起来描写这一历史事件。

对偶形式在意象组合中的作用，能帮助译者更好地理解诗意，但这种独具中国特色的意象链条在翻译中是无法得到保留的。

请看以下实例：

登　高

杜　甫

风急天高猿啸哀，渚清沙白鸟飞回。
无边落木萧萧下，不尽长江滚滚来。
万里悲秋常作客，百年多病独登台。
艰难苦恨繁霜鬓，潦倒新停浊酒杯。

译文：

**Поднявшись на высоту**

Стремителен ветер，и небо высоко，

① 袁行霈：《中国诗歌艺术研究》，北京大学出版社 1987 年版，第 73 页。

В лесу обезьяны вопят.

Над чистой осенней водою потока,
Осенние птицы летят.

Осенние листья кружат, опадая,
Багряны они и легки.

И тянутся вдаль от родимого края
Просторы Великой реки.

Куда меня гнало и гонит доныне
По тысячам разных дорог?

На старой террасе, на горной вершине
Я снова совсем одинок.

Сижу, позабывши о прежней отраде,
Покрыла виски седина —

Печальный изгнанник, сижу я, не глядя
На чару хмельного вина.

(перевод А. Гитовича)

这首诗是诗人在极端困窘的情况下写成的。那一天，他独自登上夔州白帝城外的高台，登高临眺，百感交集。望中所见，激起意中所触；萧瑟的秋江景色，引发了他身世飘零的感慨，渗入了他老病孤愁的悲哀。于是，就有了这首被誉为“古今七言律第一”的旷世之作，前两联写登高所见之景，后两联抒登高感触之情。由情选景，寓情于景，浑然一体，充分表达了诗人长年漂泊、忧国伤时、老病孤愁的复杂感情。全诗意境纵横动荡、思深致远。

首联“风急天高猿啸哀，渚清沙白鸟飞回”可看做一个意象丛，中间呈对偶连接，既呈现了登高看到的景象，又营造了天高风急，秋气肃杀，猿啼哀啸的悲凉气氛，为全诗定下了基调。登高而望，江天本来是开阔的，但在诗人笔下，却令人强烈地感受到：风之凄急、猿之哀鸣、鸟之回旋，经过诗人的艺术提炼，字字精当，无一虚设，用字遣辞，“尽谢斧凿”，达到了奇妙难名的境界。不仅上下两句对，而且还有句中自对，如上句“天”对“风”；“高”对“急”；下句“沙”对“渚”，“白”对“清”，真是天造地设，自然成对，读来富有节奏感。译文 Стремителен ветер，и небо высоко，/ В лесу обезьяны вопят. / Над чистой осенней водою потока，/ Осенние птицы летят. 没能再现原文工整的对仗。

颔联“无边落木萧萧下，不尽长江滚滚来”为千古名句。写秋天肃穆萧杀、空旷辽阔的景色，不仅使人联想到落木窸索之声，长江汹涌之状，也无形中传达出韶光易逝，壮志难酬的感怆。这其实是诗人精心创造的呈对偶连接的两个意象，形成另一个意象丛。诗人借茫无边际、萧萧而下的木叶和奔流不息、滚滚而来的江水，深沉地抒发了自己的情怀。两个意象表现为沉郁悲凉的精工对句，被前人誉为“古今独步”的“句中化境”，有“建瓴走坂”、“百川东注”的磅礴气势。比如“无边”对“不尽”，“落木”对“长江”，“萧萧下”对‘滚滚来”，显示了诗人出神入化之笔力，极大地增强了艺术表现力和感染力。译文 Осенние листья кружат，опадая，/ Багряны они и легки. / И тянутся вдаль от родимого края / Просторы Великой реки. 也无法保留这种中国古诗词独有的魅力。

颈联“万里悲秋常作客，百年多病独登台”是诗人一生颠沛流离生活的高度概括。诗人从空间（万里）、时间（百年）两方面着笔，把久客最易悲秋，多病独自登台的感情，融入雄阔高浑的对句中，形成两个用对偶连接的意象，“常作客”，指出了诗人漂泊无定的生涯，“百年”，本喻暮年，诗人目睹苍凉的秋景，不由想到自己沦落他乡、年老多病的处境，生出无限悲愁之绪。两个意象使人深深地感到他那沉重的感情脉搏。语言极为凝练，乃千古名句。译文 Куда меня гнало и гонит доныне / По тысячам разных дорог? / На старой террасе，на горной вершине / Я снова совсем одинок. 同样无法保留原文的对仗美。

尾联“艰难苦恨繁霜鬓，潦倒新停浊酒杯”转入对个人身边琐事的悲叹，“苦恨”，甚恨，意思是愁恨很深。“潦倒”，犹言困顿衰颓，狼狈失意。指一人登台，独饮浊酒，无亲朋相伴，慢慢举起消忧解愁的酒杯，停在嘴边。这也是呈对偶连接的意象，译文 Сижу，позабывши о прежней отраде，/ Покрыла виски седина—/ Печальный изгнанник，сижу я，не глядя / На чару хмельного вина. 未能再现对偶的魅力。

这首律诗很特别，粗略一看，首尾好像“未尝有对”，胸腹好像“无意于对”，仔细玩味，其实八句皆对，四联句句押韵，皆为工对，且首联两句，又句中自对，可谓“一篇之中，句句皆律，一句之中，字字皆律”。难怪明代胡应麟《诗薮》说，全诗“五十六字，如海底珊瑚，瘦劲难名，沉深莫测，而精光万丈，力量万钧。通章章法、句法、字法，前无昔人，后无来学，微有说者，是杜诗，非唐诗耳。然此诗自当为古今七言律第一，不必为唐人七言律第一也”。

这首中国古诗的“旷世之作”翻译之后魅力较原文减弱，对偶意象链的丧失是主要原因。

再如：

秋登宣城谢朓北楼

李　白

江城如画里，山晚望晴空。
两水夹明镜，双桥落彩虹。
人烟寒橘柚，秋色老梧桐。
谁念北楼上，临风怀谢公。

谢朓北楼是南齐诗人谢朓任宣城太守时所建，又叫谢公楼。李白于天宝十三年（754 年）中秋节后从金陵来到宣城，宣城处于山环水抱之中，景色秀丽。诗人当时在长安被权贵排挤，弃官而去，过着飘荡四方的流浪生活，心情的郁闷可想而知。当他独自登上谢公楼临风眺望时，深秋时节的苍凉会让那份感伤和落寞更加强烈。诗人自然更加怀念历史上的知音，他们有类似的人生遭遇，相近的理想抱负，虽然古今相隔，精神上却是遥遥相接的。因此末尾两句衬托出诗人此刻的孤独之感，知音难觅，出路难寻，只得寄情山水，尚友古人，诗人借此慨叹自己“临风怀谢公”的心情没有谁能够理解。

译文一：

**Осенью поднимаюсь на северную башню**

**Се Тяо в Сюаньчэне**

Как на картине,
Громоздятся горы

И в небо лучезарное
Глядят.

И два потока
Окружают город.

И два моста,
Как радуги, висят.

Платан застыл,
От холода тоскуя,

Листва горит
Во всей своей красе.

Кто б ни взошел
На башню городскую —

Се Тяо вспомнят
Неизбежно все.

（перевод А. Гитовича）

译文二：

**Осенью поднимаюсь на северную башню**

**Сэ Тяо в Сюаньчэне**

Город вечерний　　чудной картиной предстал.
　Горы в багрянце,　　синие дали чисты.
Реки бок о бок　　блещут, как пара зеркал.
　Арками радуг　　встали над ними мосты.
Дым над домами, —　　хлад мандарины гнетет.
　В платье осеннем　　старится мощный утун.
Всякий, кто наверх　　северной башни взойдет,
　Стоя под ветром,　　вспомнит о Вас, о Се-Гун!

(перевод Б. Мещерякова)

"两水夹明镜，双桥落彩虹"是成对偶组合的意象。"两水"指句溪和宛溪于宣城东北处相会后绕宣城合流，所以说"夹"。秋天的溪水更加清澈、平静，波面上泛着晶莹的光，因此诗人用"明镜"作喻。译文一 И два потока / Окружают город. 译出环绕之意，但关键的比喻意象失落；译文二 Реки бок о бок / блещут, как пара зеркал. 译出比喻意，бок о бок 是肩并肩之意，河水的肩并肩似乎可以在这个具体语境中理解为双溪交汇后绕城合流，因此译文二略高一筹。"双桥落彩虹"指凤凰、济川两桥横跨溪上，像从天降落的彩虹。译文一 И два моста / Как радуги, висят 和译文二 Арками радуг / встали над ними мосты 比较而言，译文二的 Арками радуг 更生动形象一些，动词 встали 也比 висят 更具动感和气势，仿佛真有两道彩虹在雨后升起。至于意象的对偶组合方式，在两个译文中都没有体现。

"人烟寒橘柚，秋色老梧桐"也是对偶型的意象组合。诗人通过深刻、细致的观察抓住一刹那间的感受创造出独特的意象，我们不难想象出深秋那荒凉寂寥的景象，远处冒出的星星点点炊烟似乎使橘柚林笼罩了寒意，秋色深沉，使梧桐更显得苍老。译文一 Платан застыл / От холода тоскуя, / Листва горит / Во всей своей красе 和译文二 Дым над домами, — хлад мандарины гнетет. / В платье осеннем / старится мощный утун. 都没能呈现对偶的外在形式。

再看一例：

月　夜

杜　甫

今夜鄜州月，闺中只独看。
遥怜小儿女，未解忆长安。
香雾云鬟湿，清辉玉臂寒。
何时倚虚幌，双照泪痕干。

诗中有一句工整的对仗：“香雾云鬟湿，清辉玉臂寒。”这首诗是杜甫被安史叛军所俘，困居长安时所作，表达了对离乱中的妻子家小的深切挂念。情深意真，明白如话，诗的构思采用从对方设想的方式。

“香雾云鬟湿，清辉玉臂寒”是两个呈对偶连接的意象：夜雾本无香，香从妻子的云鬟中散出；凄清的月光照在妻子的玉臂上，显得寒凉。湿、寒二字，写出夜已深而人未寐的情景。诗人把对家人的思念巧妙地通过意象表现出来，更显得情深意切。

再看译文：

**Сегодняшней ночью**

В Фучжоу сияет луна,

Там, в спальне далекой,
Любуется ею жена.

По маленьким детям
Меня охватила тоска —

Они о Чанъани

И думать не могут пока.

Легка, словно облако,
Ночью прическа жены.

И руки, как яшма,
Застыли в сиянье луны.

Когда же к окну
Подойдем мы в полуночный час

И в лунном сиянии
Высохнут слезы у нас?

（перевод А. Гитовича）

译者对“香雾云鬟湿，清辉玉臂寒”的转换是 Легка, словно облако, / Ночью прическа жены. / И руки, как яшма, / Застыли в сиянье луны. 未能保留对偶形式。因此，读来不如原文音韵铿锵，朗朗上口。

再看一例：

日出入行

李　白

日出东方隈，似从地底来。
历天又复入西海，六龙所舍安在哉?
其始与终古不息，人非元气，安得与之久徘徊?
草不谢荣于春风，木不怨落于秋天。
谁挥鞭策驱四运？万物兴歇皆自然。
羲和！羲和！汝奚汩没于荒淫之波?
鲁阳何德，驻景挥戈?
逆道违天，矫诬实多。
吾将囊括大块，浩然与溟涬同科！

译文一：

**Песня о восходе и заходе солнца**

Из восточного залива солнце,
Как из недр земных, над миром восходит,
По небу пройдёт и канет в море.
Где ж пещера для шести драконов?
В древности глубокой и поныне
Солнце никогда не отдыхало,
Человек без изначальной силы
Разве может вслед идти за солнцем?
Расцветая, травы полевые
Чувствуют ли к ветру благодарность?
Дерева, свою листву роняя,
На осеннее не ропщут небо.
Кто торопит, погоняя плетью,
Зиму, осень, и весну, и лето?
Угасанье и расцвет природы
Совершаются своею волей.
О, Си Хо, Си Хо, возница солнца,
Раскажи нам, отчего ты тонешь
В Беспредельных и бездонных водах.
И какой таинственною силой
Обладал Лу Ян? Движение солнца
Он остановил копьем воздетым.
Много их, идущих против неба,
Власть его присвоивших бесчинно.
Я хочу смешать с землею небо,
Слить всю необъятную природу
С первозданным хаосом навеки.

（перевод А. Ахматовой）

译文二：

**Рассвет и закат**

Солнце встаёт
　　Из восточных Змеиных тенет，
Словно восходит
　　С самого дна земного.
Небо измерит—и снова
　　Просит приюта у западных вод.
Где ж，наконец，стены крова，
　　Где шестерка драконов ночлег обретет?
Солнцу дано，
　　Раз восникнув，не прекращаться.
А человек—не эфир изначальный，
　　Где уж ему уходить-возвращаться！
Ветру весны за свой рост
　　Не благодарна трава.
За листопад на небеса
　　Не станут роптать дерева.
Кто подстегнет
　　Четыре времени года бичом?
Для тысяч вещей
　　Положен приход и уход.
Си Хэ！
Си Хэ！
Ради чего ищешь свой кров
　　В пучине времен—пустыне отверженных вод?！
Как велика сила духа
　　Лу Яна！

Остановившего миг
　　ударом копья!
И не избегнут
　　ни лжи，ни обмана，
Если противятся Небу，
　　Не следуют Дао-Пути Бытия.
Эй，по Великую Глыбу
　　раздайся，сума.
Сам ведь не знаю предела，
　　Как беспредельность сама.

（перевод Э. Балашова）

这是一个乐府古题。汉乐府《郊祀歌》中有一首《日出入》，是写太阳升落无穷而人生短促希望乘着六龙成仙升天的，李白用旧题而反其意，认为太阳的运行、草木的荣枯、四季的变化都是自然的规律，不是由神主宰的。这首诗反映了李白的哲学思想。诗中有很多来自神话传说和历史典故的特殊意象，造成翻译的难点。古代神话讲，羲和每日赶了六条龙载上太阳神在天空中从东到西行驶，因此作者说“六龙安在”，实际上否认了六龙存在的可能性，当然，羲和驱日也是荒诞不可信的，两个译文都采用了直译加注释的方法进行处理。再看“鲁阳挥戈止日”，说的是战国时鲁阳公和韩国作战，激战到日暮，鲁阳公向日挥戈，太阳退却三舍（一舍三十里）。诗人用的是诘问句，对挥退太阳的大力士鲁阳公予以怀疑：鲁阳公呵鲁阳公，你又有什么能耐，怎能挥戈使太阳回升？作者认为宇宙万物都有自己的规律，硬要违背这种自然规律（“逆道违天”），就必然是不真实的，不可能的，而且是自欺欺人的（“矫诬实多”）。我们来看译文一 И какой таинственною силой / Обладал Лу Ян? / Движение солнца / Он остановил копьем воздетым. 与下文联系起来，基本译出了否定的语气，但译文二 Как велика сила духа / Лу Яна! / Остановившего миг / ударом копья! 分明是赞扬的语气，再和下边的译文联系起来，分明会使读者误读原诗的主题。前面说过，李白是想指斥违背自然规律的神话传说，表达顺应自然的思想。从两个译文来看，译文一基本符合原作者的精神，而译文二则给人一种普及神话知识，并歌颂传说中勇士的感觉，背离作者的主旨。

虽然如此，我们还是要从本章讨论的主题出发，研究一下译文一在外在形式流失方面的遗憾。

诗中有一个精彩的对偶句“草不谢荣于春风，木不怨落于秋天”，可以分别把每句看做一个意象，两个意象以对偶的形式组合。第一个译文是 Расцветая，травы полевые / Чувствуют ли к ветру благодарность? / Дерева，свою листву роняя，/ На осеннее не ропщут небо. 第二个译文是 Ветру весны за свой рост / Не благодарна трава. / За листопад на небеса / Не станут роптать дерева. 译文一先用疑问句，又用陈述句，首先造成句式的不对称，在选词上也没能体现对偶的精妙，译文二则好些，句式上保持对称，在选词上由于照顾到韵律和韵脚，稍显遗憾，但表现力方面优于译文一。这真是鱼和熊掌不可兼得也。

**2. 前置或倒装型意象链**

词序倒置手法如杜甫《秋兴八首》中的名句：“香稻啄余鹦鹉粒，碧梧栖老凤凰枝”，若按正常的语法规则理解，我们会不知所云。这种意象组合方式赋予诗句特有的想象空间，避免了平淡呆板，使全诗情韵倍增。再如杜甫的“露从今夜白，月是故乡明”，按常规表达应是“今夜露白，故乡月明”，诗人将自己感受最深的事物置于句首，使怀乡之情愈发浓郁。又如王之涣的“白日依山尽，黄河入海流”，后一句是“黄河流入海”的倒置，通过倒置，诗歌的意境更为开阔，气势更加雄浑，正常语序则显得平铺直叙、呆板无奇。

请看译例：

秋兴八首（之八）

杜　甫

昆吾御宿自逶迤，紫阁峰阴入渼陂。
香稻啄余鹦鹉粒，碧梧栖老凤凰枝。
佳人拾翠春相问，仙侣同舟晚更移。
彩笔昔曾干气象，白头吟望苦低垂。

译文一：

**Восемь стансов об осени**

Ⅷ

Куньу, Юйсу…сами собой
　　вьются дороги, змеятся пути.
Башни Лиловой северный склон
　　катится в зыбь Мэйпи.
Красные рисинки…видимо, их
　　порастерял второпях попугай.
Ветви павлонии…прячут гнездо
　　фениксов— птиц, прилетавших в наш край.
Зелень с красавицами собирал…
　　на языке все секреты весной.
С сянями плыли в лодке одной,
　　затемно переносились домой.
В прошлом с природой спорила кисть,
　　Слово творила, а не слова.
Белый, как лунь…пою эту даль…
　　клонится долу моя голова.

（перевод Э. Балашова）

译文二：

**Восемь стансов об осени**

8

Через Куньу и Юйсу дорога
Вьется на сотни ли,

Потом через северный склон Чжунnaня

Она приведет в Мэйпи.

Там не клюют теперь попугаи
Брошенное зерно；

Осталось гнездо на ветвях платана，
Но фениксов нет давно；

Там вместе с красавицами когда-то
Я ветки срывал весной；

Волшебники плыли со мною в лодке
Под ласковою луной；

И кисть моя повелевала природой，
Не зная ни в чем преград.

А ныне я стал и седым и слабым
И скорбно стихи звучат.

（перевод А. Гитовича）

这首诗是杜甫身居夔州时写的怀念长安的诗句。渼陂的诗句，说的是长安附近的昆吾和御宿的道路逶迤曲折，紫阁峰倒映渼陂之中，这里的香稻是鹦鹉啄余的颗粒，碧梧是凤凰棲老的枝条。也就是说香稻是喂食鹦鹉的，碧梧棲栖过凤凰。因为这里从汉以来就是皇家的上林苑，所以杜甫这样写。“香稻啄余鹦鹉粒，碧梧栖老凤凰枝”按照正常的语序应为“鹦鹉啄余香稻粒，凤凰栖老碧梧枝”，现把两宾语前置，倒置了语序，这是对仗和平仄的需要，但在译文中是无法呈现的。译文一：Красные рисинки… видимо，их / порастерял второпях попугай. / Ветви павлонии … прячут гнездо / фениксов—птиц，прилетавших в наш край. 译文二：Там не клюют теперь попугаи /

Брошенное зерно; / Осталось гнездо на ветвях платана, / Но фениксов нет давно 两个译文都是对原句作出的诠释性翻译，且不说译得是否妥当，单看原句意象的外在形式，是无论如何不会得到再现的。

**3. 跳跃型意象链**

中国古典诗歌的语言异常凝炼，特别是唐代以来的近体诗和词曲，在格律上有着严格的要求，不但句数、字数是固定的，对仗、平仄和押韵也有规定。同时古代诗论还强调诗歌要用最凝炼的语言传达最丰富的内蕴，要有“象外之象”、“景外之景”、“弦外之响”、“韵外之致”。因而，与散文的语言强调意思的完整性不同，诗人经常打破常规的语法规范，通过省略词语的手法来组合意象。诗的语句跳动性极大，往往只呈现重要的意象，一些关联性的词语被隐去，让读者自己凭联想去连缀补充。如杜甫《春望》中的“感时花溅泪，恨别鸟惊心”。作者在看到当时沦陷的长安春景时迸发出强烈的伤感，他感慨当时的时势，想起离别的家人，看到花朵也掉下伤心的眼泪，听到鸟儿的鸣叫也神心不安，显然在“花”前省掉了“见”，在“鸟”前省掉了“闻”（对这句诗也存在另一种解释，认为诗人是以花鸟拟人，感时伤别，花也溅泪，鸟亦惊心）。但这样组成的意象不但不影响诗情，反而更加凝炼含蓄，可谓“辞约而意丰，言近而旨远”。

以马致远的《天净沙·秋思》为例：

枯藤老树昏鸦，
小桥流水人家，
古道西风瘦马。
夕阳西下，
断肠人在天涯。

译文：

**Осенние думы**

Зашелестит, высыхая, тростник,
Крыльями хлопнет птица…
Мостик над речкой грустно поник,

Речка течет，струится.

Рвется дорога навстречу мгле,
Тощая кляча，тусклый закат…
Самый любимый на всей земле
Никогда не придет назад.

（перевод А. Тер-Григоряна）

前三句九个以名词为中心的意象并列，表层没有形式上的任何联系标志，类似电影跳脱的蒙太奇镜头，写出“断肠人”眼中的秋景。烘托同一格式塔质——羁旅的惆怅。之所以选择这些意象，而不讲究词句在逻辑上是否成立，只是要反映作者心灵活动的真实过程，并为读者呈现出一幅生动可感的图像。前三句的译文是 Зашелестит，высыхая，тростник，/ Крыльями хлопнет птица…/ Мостик над речкой грустно поник，/ Речка течет，струится. /Рвется дорога навстречу мгле，/ Тощая кляча，тусклый закат…我们看到，原作中数个意象并列在一起强烈地刺激了读者的感官，加深了人们的印象，加倍烘托出昏黄、灰暗、衰败、凄凉的 气氛。但翻译之后跳跃式意象链条无法得到保留。

也有些译者力求尽最大可能保留住这种颇具感染力的外在形式。比如温庭筠的《商山早行》：

晨起动征铎，客行悲故乡。
鸡声茅店月，人迹板桥霜。
槲叶落山路，枳花明驿墙。
因思杜陵梦，凫雁满回塘。

译文：

**Утро в горах Шаншань**

С рассветом снова в путь. Качнулся бубенец，

И сердце замерло. Как отчий край далёк!
Крик петуха. Свет призрачный луны.
Заиндевелый мост, следы от чьих-то ног.

Слетает с дуба на тропинку лист,
Цвет померанца белый над стеной,
И мне невольно грезится Дулин,
Где перелетных птиц в прудах полным-полно.

（перевод М. Басманова）

原诗中的千古名句“鸡声茅店月，人迹板桥霜”。两句各三个意象并列呈现，也是以跳跃式链条相连接的意象，省却一切中间媒介，平静中流淌着淡淡的寂寞和忧伤，游子悲苦凄凉的心境仿佛不需多言而自然会被读者寻味到。这种“蒙太奇”的组合方式大大扩展了诗歌的联想空间，行人的羁愁旅思也得到了更为强烈的表现。从译文 Крик петуха. Свет призрачный луны / Заиндевелый мост, следы от чьих-то ног. 可以看出，译者在努力保存原作意象的外在连接方式，译得基本到位，但也不得不舍弃部分意象，比如“茅店”，或把名词性意象，如“霜”，改变词性（Заиндевелый）保留下来。

**4. 诗眼**

中国古典诗歌的写作要求语言精炼、形象、优美，要像水晶一样通体透明，诗人往往炼字炼句，精心推敲，因而优秀诗篇在遣词造句上是极为考究的，时常是一篇之中有警句，一句之中又有警字，这就是诗论家所谓的“诗眼”。“诗眼”一词，最早见于北宋。苏轼诗云：“天工忽向背，诗眼巧增损。”古人作诗，每每讲究“炼字”，或炼动词，或炼形容词等等，以求炼出“诗眼”。比如北宋宋祁的《玉楼春》中有句“绿杨烟外晓寒轻，红杏枝头春意闹”。写的是春天绚丽的美景，诗眼“闹”字生动地体现了盎然的春意；杜甫的“随风潜入夜，润物细无声”中的“潜”、“润”形象生动地反映了春雨绵绵的特点；王安石的“春风又绿江南岸”中的“绿”写活了春风。这些堪称“诗眼”的精妙的字从文艺学角度看是意象的组成部分，我们可以把“春意闹”、“润物细无声”、“春风又绿江南岸”看做诗歌的意象。通过研读大量的译文，我们发现，“诗眼”作为意象的一部分，在翻译时是很难得到恰如其分的再现的。

如李白的《望庐山五老峰》：

庐山东南五老峰，青天削出金芙蓉。
九江秀色可揽结，吾将此地巢云松

诗中有一个十分精彩的意象“青天削出金芙蓉”人们都说五老峰形似五老人，而在李白的眼里，阳光照射下的五老峰，金碧辉煌，就如同盛开着的金色芙蓉花一般。而这种山势形状，原本是天工造化，自然形成的，但李白却偏偏说它是由青天削成的。这一“削”字极妙，它不仅相当生动地刻画出了五老峰的险峻陡直，也使奇伟的五老峰由静态变成了动态的物象，一个“削”字使全诗活了。

另一个意象“揽结秀色”同样精彩。原本是九江风光全在山下，尽收眼底之意，却被诗人说成“可揽结”，似乎可以随手采取到一样，更加突出五老峰的险峻陡直。这“揽结”二字即为本句的诗眼。倘若五老峰离九江不近，被其他山峰所挡，如果它不陡直，而是平坡斜面，也就无所谓“揽结”了。因此，前文以“削”摹写五老峰的陡直山势，是伏笔一样，与此句的“揽结”完全照应了起来。

再看译文：

**В горах Лушань смотрю на юго-восток,**
**на пик пяти стариков**

Смотрю на пик Пяти Стариков,
На Лушань, на юго-восток.

Он поднимается в небеса,
Как золотой цветок.

С него я видел бы все кругом

И всем любоваться мог…

Вот тут бы жить и окончить мне
Последнюю из дорог.

（перевод А. Гитовича）

“青天削出金芙蓉”的译文是 Он поднимается в небеса，/ Как золотой цветок. 是个非常平庸的译法，原诗炼字的精工未能体现。“九江秀色可揽结”的翻译是 С него я видел бы все кругом / И всем любоваться мог…同样平庸，原诗美感减弱。

再以李白的《鲁郡东石门送杜二甫》为例：

醉别复几日，登临遍池台。
何时石门路，重有金樽开？
秋波落泗水，海色明徂徕。
飞蓬各自远，且尽手中杯。

译文：

**Провожаю Ду Фу на востоке округа Лу у горы Шымынь**

Мы перед разлукой
Хмельны уже несколько дней.

Не раз поднимались
По склонам до горных вершин.

Когда же мы встретимся
Снова，по воле своей.

И снова откупорим
Наш золоченый кувшин?

Осенние волны
Печальная гонит река.

Гора бирюзовою
Кажется издалека.

Нам в разные стороны
Велено ехать судьбой —

Последние кубки
Сейчас осушаем с тобой.

（перевод А. Гитовича）

原诗中的“秋波落泗水，海色明徂徕”，可看做一个意象，“明”用如动词，传神而生动，赋予静态的自然色彩以运动感。不说徂徕山色本身如何青绿，而说苍绿色彩主动有意地映照徂徕山，这就把山色写活，显得生气勃勃而富有气势。在这山清水秀、风景如画的背景中，两个知心朋友在难舍难分，依依惜别，景中寓情，情随景现，“明”字是这句诗的“诗眼”，是这个意象的组成部分。译文是 Осенние волны / Печальная гонит река. / Гора бирюзовою / Кажется издалека. 没能译出“明”的动词用法。

以李白的《秋登宣城谢朓北楼》为例：

江城如画里，山晚望晴空。
两水夹明镜，双桥落彩虹。
人烟寒橘柚，秋色老梧桐。
谁念北楼上，临风怀谢公。

译文一：

**Осенью поднимаюсь на северную башню**
**Се Тяо в Сюаньчэне**

Как на картине,
Громоздятся горы

И в небо лучезарное
Глядят.

И два потока
Окружают город.

И два моста,
Как радуги, висят.

Платан застыл,
От холода тоскуя,

Листва горит
Во всей своей красе.

Кто б ни взошел
На башню городскую —

Се Тяо вспомнят
Неизбежно все.

(перевод А. Гитовича)

译文二：

**Осенью поднимаюсь на северную башню**

**Сэ Тяо в Сюаньчэне**

Город вечерний　　чудной картиной предстал.
Горы в багрянце,　　синие дали чисты.
Реки бок о бок　　блещут，как пара зеркал.
Арками радуг　　встали над ними мосты.
Дым над домами，—　　хлад мандарины гнетет.
В платье осеннем　　старится мощный утун.
Всякий，кто наверх　　северной башни взойдет，
Стоя под ветром，　　вспомнит о Вас，о Се-Гун!
（перевод Б. Мещерякова）

"人烟寒橘柚，秋色老梧桐"中的"寒"和"老"是意象的组成部分，是句中的"诗眼"，都是使动用法。指远处冒出的星星点点炊烟似乎使橘柚林笼罩了寒意，秋色深沉，使梧桐更显得苍老。译文一 Платан застыл / От холода тоскуя，/ Листва горит / Во всей своей красе. 其中 От холода 译得不妥，橘柚林并不是真的因为冷，而是秋天的荒凉使它呈现苍寒的景色。Листва горит / Во всей своей красе 译出了秋光渐老时梧桐呈现出的颜色，是译者的创造，还是符合原文之意的。译文二 Дым над домами，— хлад мандарины гнетет. / В платье осеннем / старится мощный утун. 是比较成功的译例，译者的创造基本符合原文的意旨，还增添了原文没有的拟人用法。但"寒"和"老"的使动用法在两个译文中没有得到呈现。

我们再一次以李白的《金陵城西楼月下吟》为例：

金陵夜寂凉风发，独上高楼望吴越。
白云映水摇空城，白露垂珠滴秋月。
月下沉吟久不归，古来相接眼中稀。
解道"澄江淨如练"，令人长忆谢玄晖。

译文：

**На западной башне в городе**

**Цзиньлин читаю стихи под Луной**

В ночной тишине Цзиньлина
Проносится свежий ветер.
Один я всхожу на башню,
Смотрю на У и на Юэ.
Облака отразились в водах
И колышут город пустынный,
Роса, как зерна жемчужин,
Под осенней луной грущу я
И долго не возвращаюсь.
Не часто дано увидеть,
Что древний поэт сказал.
О реке говорил Се Тяо:
« Прозрачней белого шелка », —
И этой строки довольно,
Чтоб запомнить его навек.

（перевод А. Ахматовой）

我们在第四章把这首诗的译文归入"象"似"意"达的类型，是指译者把握了全诗意象系统烘托出的整体格式塔质，从整体上把握了诗意、诗情、诗韵，这和我们在本节要阐述的内容并不矛盾，我们应注意到译文的细节有些地方还有待进一步推敲。比如，第二个意象从"白云映水摇空城，白露垂珠滴秋月"主要通过"摇、滴"两个诗眼来营造意境：先用两个"白"字，在色彩上分外渲染出月光之皎洁，云天之渺茫，露珠之晶莹，江水之明净，为"摇、滴"作了烘托。"摇"、"滴"给你的幻觉是城也摇荡起来，露珠是从月亮上滴下似的，整个静止的画面飞动起来，可谓"着一字而境界全出"。译文是 Облака отразились в водах / И колышут город пустынный, / Роса, как зерна жемчужин, / Под осенней луной грущу я，两个“白”字未能译出，“摇”字译出，但“滴”字未能译出。当然，我们有理由期待更为高明的译者出现，能够在突出原诗神韵的基础上还能创造性地再现中国古诗细节上无与伦比的魅力。

## 第三节　诗人风格的流失

诗歌意象带有强烈的个性特点，最能见出诗人的风格。一个意象成功地创造出来后，虽然可以被别的诗人沿用，但往往只在一个或几个诗人的笔下才最有生命力。以至这种意象便和这一个或几个诗人联系在一起，甚至成为诗人的化身。菊之于陶渊明，梅之于陆放翁，都有这种密切的关系。[①] 比如，许多自然界司空见惯的事物和景物，在大诗人李白的笔下经过再创造后，仿佛有了新的生命，成为一个个格外富有诗意的饱满的意象：李白诗中反复出现的明月、天马、大鹏、长江黄河和名山大岭等意象，充分展示了作者豪迈的气势。如果把李白的全部诗作比做交响乐的话，那么这些宏大的意象就是交响乐中主导的旋律，是非常突出的、经常再现的主题乐章，作者豪放不羁的个性、追求自由的精神正是在这些意象中得到充分体现。拿“大鹏”为例，这是他最富于个性特征的意象，也充分显现了他飘逸的风格。如“大鹏一日同风起，扶摇直上九万里”（《上李邕》）。作者以“大鹏”自况，展示其远大志向与抱负。后来又写有《大鹏赋》，直至临终时留下绝笔诗《临终歌》：“大鹏飞兮振八裔，中天摧兮力不济，余风激兮万世，游扶桑兮挂石袂。后人得之传此，仲尼亡兮谁为出涕”最终还视己为大鹏。孔子见到获猎的麒麟而出涕，现在孔子已死，谁能为大鹏的中天摧折而出涕，比喻自己空有抱负和才能，但不遇知音而终。

译诗的过程中，在遵循意象转换原则的基础上，原诗人特殊的风格应该尽量保留。鲁迅先生关于翻译标准说过：“凡是翻译，必须兼顾着两面，一是当然力求其易解，一则保存着原作的丰姿。”[②]保持原作的丰姿，可以理解为把握原诗的意境美，并再现诗人独特的风格。

请看一例：

---

① 参见袁行霈：《中国诗歌艺术研究》，北京大学出版社1987年版，第242页。

② 转引自罗新璋：《翻译论集》，商务印书馆1984年版，第301页。

北风行

李　白

烛龙栖寒门，光耀犹旦开。
日月照之何不及此，唯有北风号怒天上来。
燕山雪花大如席，片片吹落轩辕台。
幽州思妇十二月，停歌罢笑双蛾摧。
倚门望行人，念君长城苦寒良可哀。
别时提剑救边去，遗此虎文金鞞靫。
中有一双白羽箭，蜘蛛结网生尘埃。
箭空在，人今战死不复回。
不忍见此物，焚之已成灰。
黄河捧土尚可塞，北风雨雪恨难裁。

译文一：

**Песня о северном ветре**

Дракон-свеча
　　У двери Стужи обитает.
Чуть приподымет веки —
　　На весь свет—рассвет…
Неужто солнцу и луне
　　Сюда дороги нет?!
Лишь ветра северного шквал
　　С разгневанных небес слетает.
Огромные, с циновку,
　　Цветы метели с Ласточкиных гор
За слоем слой
　　Ложатся на террасу Сюаньюаня.

Ючжоу…На исходе года…
　　Женщины печальный взор…
Умолкла песня,
　　Брови-бабочки сломались…Ожиданье.
К воротам прислонясь,
　　Прохожих озирает лики.
И мужа вспоминает.
　　Сполна хлебнул он лиха —
И глад и хлад у врат Стены Великой.
　　Как жаль его, прожившего толику!
Простившись с ней, он меч воздел—
　　Ворвался враг в родной его предел…
Остался ей колчан
　　С тигровым золотым узором,
В котором пара
　　С белым опереньем стрел,
Где паутину свил паук Далеко- за
　　И пыль легла густым убором.
Жизнь этих стрел вотще прошла:
　　Возврата нет тому,
Кого могила ратная взяла.
　　И было видеть их —
　　Невыносимо!
Спалила все —
　　И вот они—зола…
Так—если воды Хуанхэ
　　Плотиною остановимы,
То ветер северный и снег —
　　Вовек неодолимы.

（перевод Э. Балашова）

译文二：

**Путешествие при северном ветре**

За воротами Холода
Властвует грозный дракон;

Свечи—в место зубов,
Пасть откроет—и светится он.

Ни лунь и ни солнца
Туда не доходят лучи,

Только северный ветер
Свистит，свирепея，в ночи.

Только снежная вьюга
Бушует недели подряд,

И громадные хлопья
На древнюю башню летят.

Я тоскую о муже,
Воюющем в диком краю，—

И смеюсь я，как прежде.
И песен уже не пою.

Мне осталось стоять у калитки
И думать одной：

Жив ли мой господин
Великой стеной.

Взял он меч, чтоб дракона
Сразить—и рассеять туман.

Он оставил на память
Обтянутый кожей колчан.

Две стрелы с опереньем
Оставил он мне заодно,

И они паутиной и пылью
Покрылись давно.

Для чего эти стрелы,
Колчан, что висит на стене,

Если ты, господин,
Никогда не вернёшься ко мне?

Не могу я смотреть
На подарок, врученный тобой.

Я сожгла твой подарок,
И пеплом он стал и золой.

Можно жёлтую реку
Смирить, укрепив берега,

Но труднее брести

Сквозь туманы，пургу и снега.

（перевод А.  Гитовича）

我们把第二章作过的意象系统图引用过来：

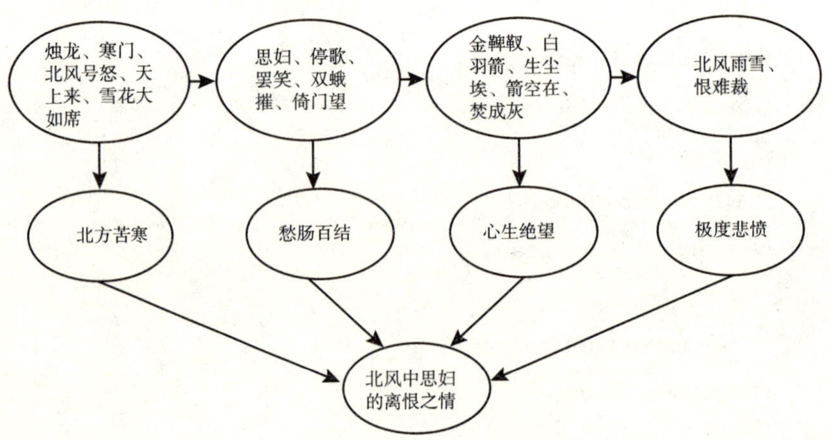


读罢译文，我们看到，两位译者都理解了原诗的核心意象和关键的意象链条，在整体气质的把握上是比较到位的。我们只就本章涉及到的中心论题作一分析。

这首诗是李白天宝十一年（752 年）冬游幽州所作。当时的安禄山叛乱前在北部边境屡屡兴兵挑起与契丹的战争，百姓战死无数，深受其害。此诗即描写思妇对战死征人的无穷思念，对当局的刻骨愤恨。

最能表现李白风格的是“日月照之何不及此？唯有北风号怒天上来，燕山雪花大如席，片片吹落轩辕台”，这几句雄浑大气，波澜壮阔，诗人丰富的想象、热烈的情感、自由豪放的个性尽显无余。几个关键意象如“号怒”写风声，“天上来”写风势，极尽北风凛冽之形容，“雪花大如席”虽是个夸张意象，却能让读者感到作者强烈真实的感情，浓重地烘托出全诗悲凉的气氛，一个北风号怒、飞雪漫天、满目凄凉的景象就这样呈现在读者面前，那么译作能否重现这种苍凉的场面以及诗人悲壮的气势呢？译文一 Лишь ветра северного шквал / С разгневанных небес слетает 和译文二 Только северный ветер / Свистит，свирепея，в ночи 相比，译文一突出了“天上来”，译文二突出了“号怒”，但就整体气氛的烘托来看，译文一用了 шквал，С разгневанных небес 和 слетает，使人仿佛看到一团猛烈的北风从高处汹涌而下，显得更具气势。“燕山雪花大如席”这个关键意象在译文一中的体现是 Огромные，с циновку / Цветы метели с Ласточкиных гор，在译文二中是 Только снежная вьюга / Бушует недели подряд，译文一用 с циновку 译出了原诗的比喻意象，译文二没有翻译出来，而译文一的 Цветы метели 也比译文二的 снежная вьюга 更接近原文，译文二为了韵脚，不得已又增添了 недели подряд，但却削弱了原诗的恢宏大气，看来，始终是译文一在气势上更胜一筹。

“黄河捧土尚可塞，北风雨雪恨难裁”同样显示了诗人惊人的想象力和创造力，气势宏大，震撼人心。我们看到，诗人的悲愤之情似火山一样爆发了，他发出了怒吼，控诉着战争的罪恶，强烈地引起读者的共鸣。“黄河捧土尚可塞”是诗人匠心独具的创造，极其鲜明地反衬出思妇强烈的无休无止的悲愁。而对“北风雨雪恨难裁”这个意象有两种理解，一是说黄河何其大，尚可捧土阻之，思妇心中之怨恨及怒火，却即使是北风雨雪也难以止住和熄灭。另一种是说思妇的悲愤和愁苦如天上凄凉的北风和漫天的雨雪不能消除。我们来看译文一：Так—если воды Хуанхэ / Плотиною остановимы / То ветер северный и снег—/ Вовек неодолимы. 第二句的“恨难裁”没有翻译出来，译文二 Можно жёлтую реку / Смирить，укрепив берега / Но труднее брести / Сквозь туманы，пургу и снега. 也没有翻译出“恨难裁”，而且意思扭曲，变为“在大雾和暴风雪中行进更艰难”，与全诗要传达的意旨不相符，译文读者也许会感到莫名其妙：在雨雪中行进艰难与全诗思妇的愁怨有什么关系？

纵观两个译文，虽然都未偏离原诗的整体格式塔质，但在译者风格的保留方面还是略有欠缺，尤其是面对李白这样一位个性极其鲜明，魅力巨大的原作者。如何更好地保留诗人独特的创作风格和艺术魅力，是每个翻译工作者应认真思考的课题。

## 第四节　小　结

本章我们通过对中国古典诗词意象的选取和呈现的特点进行分析，结合语言文化学中的先例理论说明了翻译中存在的一些突出难点，这些问题的解决尚需我们进一步研究和实践。但是我们应该在现有认识水平的基础上想方设法予以弥补，在意象转换中尽量减少原作思想文化内涵和艺术感染力的流失，把充分体现中国古诗词独特艺术魅力的译作呈现给异域的读者。

为此，我们提出如下建议：

第一，要在深入体会原作上下功夫。对原作产生的时代和个人背景，原作意象的深层思想、情感、文化蕴涵、诗篇特有的表现手段以及诗人和诗篇的风格了然于胸。只有译者与作者达到心灵上的互动与契合，才能进入翻译过程，最大限度克服难以逾越的障碍。美国学者托尔曼指出："翻译并不是把一种外语的单词译成母语，而应该是原文中感情、生命、力度和精神的蜕变。"他以画家画战马为例，好的画家画出马的神采 —— 那炯炯有神的眼睛、那高昂的头颅、那呼呼有声的鼻孔。只有艺术家感受到了那战马的威武精神，才能把战马画得生气勃勃，威武雄壮。蹩脚的画家虽然画出了马的四条腿、一个身子和一个头，也许我们看了也知道画的是一匹马，但其中肯定缺少了什么。那就是马的精神。同样，好的译者在复现原句的意义时，能把原句中所包含的感情和原句的伟大、美丽和细腻之处都表达出来；蹩脚的译者却把原著作者给原作思想所穿的锦袍，换成了褴褛的衣衫。译者的职责与艺术家一样。译者应把原作的力度移植到译作中去，就像画家把自然的雄伟风光在画中再现出来一样。[①] 能否成功再现"原作的力度"，在很大程度上取决于尽可能减少原诗特有的表现手段和诗人的风格的流失，这是所有翻译工作者共同努力的方向。

第二，允许在不偏离原诗格式塔质，不丢弃关键意象链条的基础上进行合理的再创造。郭沫若在谈到他翻译《楚辞》时说："原作是诗，你的译文也应该是诗。为了达到这个目的，我们应该允许译者有部分的自由。有时候……他可以统摄原意，另铸新辞。"所谓"统摄原意"，其实就是指从整体上把握全诗的格式塔质，在此基础上灵活变通，适度创造。

第三，进行必要的加注。但加注不能画蛇添足，必须有利于对原诗的理解，做到不离原意，恰到好处。

---

① 参见郭建中：《当代美国翻译理论》，湖北教育出版社 1999 年版，第 9 页。

# 结 束 语

诗歌是文学中的文学，是美的结晶，一个诗人如果不能给读者的视觉、听觉和灵魂增加一点美，他就称不上诗人。从意象的角度来说，诗的美是一种含蓄的美、朦胧的美。18 世纪意大利思想家维科提出过“诗性的智慧”，英国学者霍克斯说：“在‘诗性智慧’中，可以清楚地看到那种独特和永恒的人类特性，它表现为创造各种神话和以隐喻的方式使用语言的能力和必要性：不是直接地对待这个世界，而是间接地通过其他手段，即不是精确地而是‘诗意地’对待这个世界。”①

的确，诗人不是“直接地”发出声音，诗人喜欢把自己的思想感情浸润在意象中，借助意象曲折地、间接地倾诉出来，可以说，诗的美是从创造意象开始的，而最终目的是要达到“美的凝结”。

意象是诗人通过艺术思维所创造的包含深刻意蕴的情感载体，是能唤起读者想象与联想的一个个语词、词组或句子，是我们解读古典诗词的钥匙。很多反复出现并表达某种特定内涵的意象我们已经耳熟能详，比如寄托离情别意的杨柳（或柳条、杨花、杨树、柳絮等），表达英雄无用武之地的失意之情的东山等。

作者通过对中国古典诗词俄译本中意象转换的剖析，提出如下基本观点：

一、中国古典诗词是可译的。原因在于诗歌这种艺术形式，是人类共有的一种文化现象，对于许多民族来说，都是一种历史悠久，发展成熟的永恒的文学样式。诗歌表现了古今中外人们的审美意识和思想情感，是可以引起不同民族的人们共鸣的饱含诗意的文学体裁。“诗歌自古以来始终以诗意为本，视诗意为诗歌的生命。徒具华丽的词章，亦合诗律、音韵的，如无诗意可言，仍不

---

① ［英］特伦斯·霍克斯：《结构主义和符号学》，瞿铁鹏译，上海译文出版社 1987 版，第 5 页。

是诗歌。"[①] 而诗意正是整体的意象系统烘托出的格式塔质——核心意象，是具有普适性的，因而不管用什么语言去翻译，意象最终呈现的整体的诗情、诗意都是可以得到再现的，这是诗歌可译的理论和实践的基础。

二、中国古典诗词的翻译首先要抓住对意象的解读和转换。意象是诗歌的基本元素，是诗歌反映社会现实的载体，是诗人表达情感的载体，是诗歌烘托意境的载体，是体现诗人风格的载体。完成诗歌翻译的基本工作是做好意象的转换。

三、意象的本质是诗人心理世界的符合化投射，意象的产生是一个动态的过程，体现了诗人脑海中曾经进行的意象思维运动。对意象的转换也应超越语言的界限，力求探寻诗人的心理轨迹。因而，意象转换的过程是译者与诗人进行心灵互动的过程。译者应"以心换心"，调动稳定的注意力、丰富的想象力、细微的艺术体味能力和敏锐的心灵感应能力，全身心地进入作品之中，最终与诗人的心灵相契相通。

四、从格式塔心理学之整体性原则出发，若想抓住诗人的"内在之意"，把握诗人心灵的律动，应处理好三个方面的关系：（1）在把握诗词的整体性前提下，理清意象链，保持作者思维的连续性；（2）抓住核心意象——全诗的格式塔质；（3）挖掘深层意蕴。

五、从格式塔心理学之闭合性原则出发，我们看到，优秀的诗人往往善于利用人们进行心理闭合的"完形"心理，在诗中留有耐人寻味的审美空间，创造幽远绵长的深层意蕴，诱发人们实现心理闭合。译者在接触到诗人通过空白或不完满留下的想象空间时，会调动所有的经验、思想和情感等审美积淀去联想、填补，最终"完形"，也就是完成对诗作意义的实现。但译者要注意"完形"处理的"度"，不能过分诠释，应牢牢抓住原诗的"定质"，即整个意象系统烘托出的核心意象——格式塔质。字当句对不一定是好的译文，而诠释过度，偏离原文格式塔质的译作注定是不成功的译文。

六、从意象的角度而言，译诗的优劣可以从"意"和"象"两方面来考察。我们大致把译本分为四种类型："象"似"意"达，"象"异"意"似，"象"似"意"异和"象"异"意"异。这个鉴别尺度有助于译者为自己的

---

① 顾祖钊：《文学原理新释》，人民文学出版社2000年版，第163页。

译诗确立清晰的目标和要求，也有助于我们鉴别、甄选优秀的译本。

七、中国古诗词的产生有其特定的时代背景，这个时代背景赋予了它独特的文化特色和语言特色，决定了它独有的表现方式，包括语词、音律和节奏等。即使用本民族的当代语言来“转换”，也不能避免古诗词许多独特魅力的流失。翻译工作者需要努力的方向，就是尽可能从各个方面减少这种流失或对这种流失予以弥补。

八、从语言文化学先例理论视角来看，中国古诗词的意象中包含极为丰富的先例情景。表达某种特定内涵、具有浓厚的文化伴随意义的先例话语作为意象词语反复出现，其中隐含的文化信息对于决定意象的深层意蕴极其重要，译者应留意诗歌写作的历史氛围，重视民族文化传统的力量，沉潜到浓缩在诗中的丰富的人物故事和广阔的时代背景中，挖掘隐蔽在意象后面的文化涵义，并且通过加注等方式尽可能最大程度地弥补原作思想文化内涵和艺术感染力的流失。

作者在借鉴前辈和同行学术研究成果的基础上，力求在以下方面有所创新和突破：

一、本书在梳理了中外诗歌意象理论沿革的情况后，归纳了古今中外诗歌意象理论的共同点，明确地界定了意象的内涵和外延，阐释了意象转换在诗歌翻译中的重要性，提出了意象转换是译诗和研究诗歌翻译的理想的切入点。

二、深入考察了意象产生的心理过程，指出意象的本质是诗人心理世界的符号化投射，意象的生成是个动态的过程，诗人的脑海中经历过复杂的思维运动。诗词外在的语词连缀体现了一种意念的流动。

三、透视意象转换的本质，指出译诗中进行的意象转换其实是译者与诗人的心灵互动，是译者探寻甚至还原诗人心理活动的过程。

四、引入格式塔心理学理论研究中国古典诗词的俄译，根据格式塔心理学之整体性原则提出意象转换三原则，从另一个侧面补充了诗词翻译研究，为诗歌翻译提供了具有很强操作性的范例，有助于继续推进并深化此类研究。同时从格式塔心理学之闭合性原则入手，提出对译者“完形”尺度的衡量标准，有助于进一步规范诗词翻译实践，提高译本的质量。

五、为提高翻译研究的质量，采用图示的方法描述中国古典诗词复杂的意象系统，为探寻意象转换的本质、进一步探讨译本的得失、深化诗词翻译研究提供了生动直观鲜明的实践依据。

六、在研究方法上立足于实践，通过对大量译本的细心研读和深入剖析，检验意象转换的成败得失，最终细化译本的分类，归纳了意象转换的不同类型，分析各自的优劣，提出意象转换的衡量标准，为深化翻译理论研究和提高翻译实践质量提供了可借鉴的模式，推动中国古典诗词俄译事业的发展。

七、引入语言文化学先例理论，探讨中国古诗词的意象中蕴涵的极为丰富的先例情景，对表达某种特定内涵、具有浓厚的文化伴随意义的先例话语作出深入剖析，分析文化信息对于意象转换的重要性。列举了中国古典诗词意象的独特性，分析其在翻译中造成的困难，提出解决的初步思路。

作者得到了导师吴克礼教授的悉心指导和大力帮助，研读借鉴了大量文献，分析了众多的中国古典诗词俄译本，但由于自己视野有限，学养有待提高，对这一论题只是作了抛砖引玉的基础性研究，有许多问题有待于更加深入的研究和探讨。为此，需要从三个方面进行扩展：

一、中国古典诗词俄译本的收集工作需要加强。现在能收集到的俄译本数量极少，涉及的诗人面不宽，而且大多是60年代的译本，极大地限制了研究的深入。

二、理论支撑的广度和力度需要扩展。从心理学、美学、语言文化学角度进行诗词翻译研究还有广阔的空间可待开发。

三、中国古典诗词翻译中一些难以逾越的障碍降低了原文的艺术感染力和美学效果，如何更好地在翻译中予以弥补，让广大译文读者认识到原文应有的本来面貌，领略中国古典诗词独特的艺术魅力，是翻译工作者努力的方向。

# 附录　部分唐诗宋词及古典散文俄译欣赏

## 月下独酌

李　白

花间一壶酒，独酌无相亲。
举杯邀明月，对影成三人。
月既不解饮，影徒随我身。
暂伴月将影，行乐须及春。
我歌月徘徊，我舞影零乱。
醒时同交欢，醉后各分散。
永结无情游，相期邈云汉。

## ПОД ЛУНОЙ ОДИНОКО ПЬЮ

Ли Бо

Среди цветов поставил я
Кувшин в тиши ночной

И одиноко пью вино,
И друга нет со мной.

Но в собутыльники луну
Позвал я в добрый час,

И тень свою я пригласил —
И трое стало нас.

Но разве, — спрашиваю я, —
Умеет пить луна

И тень, хотя всегда за мной
Последует она?

А тень с луной не разделить,
И я в тиши ночной

Согласен с ними пировать
Хоть до весны самой.

Я начинаю петь—и в такт
Колышется луна,

Пляшу—и пляшет тень моя,
Бесшумна и длинна.

Нам было весело, пока
Хмелели мы втроем,

А захмелели—разошлись,
Кто как—своим путем.

И снова в жизни одному
Мне предстоит брести

До встречи—той，что между звезд，
У Млечного Пути.

（перевод А． Гитовича）

### 将进酒

李　白

君不见，黄河之水天上来，奔流到海不复回。
君不见，高堂明镜悲白发，朝如青丝暮成雪！
人生得意须尽欢，莫使金樽空对月。
天生我材必有用，千金散尽还复来。
烹羊宰牛且为乐，会须一饮三百杯。
岑夫子，丹丘生，将进酒，杯莫停。
与君歌一曲，请君为我倾耳听。
钟鼓馔玉不足贵，但愿长醉不复醒。
古来圣贤皆寂寞，惟有饮者留其名。
陈王昔时宴平乐，斗酒十千恣欢谑。
主人何为言少钱，径须沽取对君酌。
五花马、千金裘，
呼儿将出换美酒，与尔同销万古愁！

### ПОДНОСЯ ВИНО

Ли Бо

Неужто вы не видите，друзья，
Как воды знаменитой Хуанхэ，
С небесной низвергаясь высоты，
Стремятся бурно в море，
Чтоб не вернуться больше?
Неужто вы не видите，друзья，
Как в царственных покоях зеркала
Скорбят о волосах，— они вчера

Чернее шелка были,
А ныне стали снегом?
Достигнув в жизни счастья,
И спей его до дна,
Пусть полон будет кубок
Под молодой луной.
Мне небом дар отпущен,
Чтоб расточать его.
Истраченным богатством
Я овладею вновь.
Быка зажарим, други,
Но для веселья нам
Сейчас же надо выпить
Заздравных триста чаш.
Учитель цэнь
И ты, Дань-цю,
Коль поднесут вино,
То пейте до конца,
А я вам песнь спою,
Ко мне склоните ухо:
Изысканные яства
Не следует ценить,
Хочу быть вечно пьяным,
А трезвым—не хочу.
Так повелось издревле —
Безмолвны мудрецы,
Лишь пьяницы стремятся
Прославиться в веках.
Князь Цао Чжи когда-то
Устроил пир в Пинлэ,

И десять тысяч доу
Там выпили шутя.
Напрасно наш хозяин
Сказал, что денег нет,
Вина ещё мы купим,
Чтобы друзьям налить.
Вот быстрый конь,
Вот новый плащ, —
Пошлем слугу-мальчишку,
Пусть обменяет их,
И вновь, друзья, забудем
Мы о своих скорбях.

(перевод А. Ахматовой)

## 长恨歌

白居易

汉皇重色思倾国，御宇多年求不得。
杨家有女初长成，养在深闺人未识。
天生丽质难自弃，一朝选在君王侧。
回眸一笑百媚生，六宫粉黛无颜色。
春寒赐浴华清池，温泉水滑洗凝脂。
侍儿扶起娇无力，始是新承恩泽时。
云鬓花颜金步摇，芙蓉帐暖度春宵。
春宵苦短日高起，从此君王不早朝。
承欢侍宴无闲暇，春从春游夜专夜。
后宫佳丽三千人，三千宠爱在一身。
金屋妆成娇侍夜，玉楼宴罢醉和春。
姊妹弟兄皆列土，可怜光彩生门户。
遂令天下父母心，不重生男重生女。
骊宫高处入青云，仙乐风飘处处闻。

缓歌慢舞凝丝竹，尽日君王看不足。
渔阳鼙鼓动地来，惊破霓裳羽衣曲。
九重城阙烟尘生，千乘万骑西南行。
翠华摇摇行复止，西出都门百余里。
六军不发无奈何，宛转蛾眉马前死。
花钿委地无人收，翠翘金雀玉搔头。
君王掩面救不得，回看血泪相和流。
黄埃散漫风萧索，云栈萦纡登剑阁。
峨嵋山下少人行，旌旗无光日色薄。
蜀江水碧蜀山青，圣主朝朝暮暮情。
行宫见月伤心色，夜雨闻铃肠断声。
天旋日转回龙驭，到此踌躇不能去。
马嵬坡下泥土中，不见玉颜空死处。
君臣相顾尽沾衣，东望都门信马归。
归来池苑皆依旧，太液芙蓉未央柳。
芙蓉如面柳如眉，对此如何不泪垂?
春风桃李花开日，秋雨梧桐叶落时。
西宫南苑多秋草，落叶满阶红不扫。
梨园弟子白发新，椒房阿监青娥老。
夕殿萤飞思悄然，孤灯挑尽未成眠。
迟迟钟鼓初长夜，耿耿星河欲曙天。
鸳鸯瓦冷霜华重，翡翠衾寒谁与共?
悠悠生死别经年，魂魄不曾来入梦。
临邛道士鸿都客，能以精诚致魂魄。
为感君王展转思，遂教方士殷勤觅。
排空驭气奔如电，升天入地求之遍。
上穷碧落下黄泉，两处茫茫皆不见。
忽闻海上有仙山，山在虚无缥缈间。
楼阁玲珑五云起，其中绰约多仙子。
中有一人字太真，雪肤花貌参差是。

金阙西厢叩玉扃，转教小玉报双成。
闻道汉家天子使，九华帐里梦魂惊。
揽衣推枕起徘徊，珠箔银屏迤逦开。
云鬓半偏新睡觉，花冠不整下堂来。
风吹仙袂飘飖举，犹似霓裳羽衣舞。
玉容寂寞泪阑干，梨花一枝春带雨。
含情凝睇谢君王，一别音容两渺茫。
昭阳殿里恩爱绝，蓬莱宫中日月长。
回头下望人寰处，不见长安见尘雾。
惟将旧物表深情，钿合金钗寄将去。
钗留一股合一扇，钗擘黄金合分钿。
但教心似金钿坚，天上人间会相见。
临别殷勤重寄词，词中有誓两心知。
七月七日长生殿，夜半无人私语时。
在天愿作比翼鸟，在地愿为连理枝。
天长地久有时尽，此恨绵绵无绝期。

**ВЕЧНАЯ ПЕЧАЛЬ**

Бо Цзюй-и

Был один государь. Он, красавиц любя,
　　«покорявшую страны» искал.
Но за долгие годы земле его Хань
　　не явилась подобная вновь···

Вот и девочке Янов приходит пора
　　встретить раннюю юность свою.
В глуби женских покоев растили дитя,
　　от нескромного взора укрыв.

Красоту, что получена в дар от небес,

разве можно навек запереть?
И однажды избрали прелестную Ян
самому государю служить.

Кинет взгляд, улыбнется и сразу пленит
обаяньем родившихся чар,
И с дворцовых красавиц румяна и тушь
словно снимет движеньем одним.

Раз прохладой весенней ей выпала честь
искупаться в дворце Хуацин,
Где источника теплого струи, скользя,
омывали ее белизну.

Опершись на прислужниц, она поднялась—
о, бессильная нежность сама!
И тогда-то впервые пролился над ней
государевых милостей дождь.

Эти тучи волос, эти краски ланит
и дрожащий убор золотой…
За фужуновым пологом в жаркой тиши
провели ту весеннюю ночь.

Но, увы, быстротечна весенняя ночь, —
в ясный полдень проснулись они.
С той поры государь для вершения дел
перестал по утрам выходить.

То с любимым вдвоем, то при нем на пирах,

от забот не уйдет ни на миг,
И в весенней прогулке всегда она с ним,
и ночами хранит его сон.

Их три тысячи—девушек редкой красы —
было в дальних дворцах у него,
Только ласки, что им предназначены всем,
он дарил безраздельно одной.

В золотой она спальне украсит себя, —
с нею, нежной, пленительней ночь.
А в нефритовой башне утихнут пиры, —
с нею, пьяной, милее весна.

Многочисленным сестрам и братьям ее
во владение земли он дал,
И завидного счастья немеркнущий свет
озарил их родительский дом.

И уже это счастье под небом у нас
для отцов с матерями пример:
Их не радует больше родившийся сын,
все надежды приносит им дочь…

Высоко вознесенный Лишаньский дворец
упирался в небесную синь.
Неземные напевы, с ветрами летя,
достигали пределов страны.

Песни тихий напев, танца плавный полет,

шелк струны и свирели бамбук…
Целый день государь неотрывно глядел,
на нее наглядеться не мог…

Загремел барабана юйянского гром,
затряслась под ногами земля.
Смолк изорван « Из радуги яркий наряд,
из сверкающих перьев убор ».

Девять врат во дворцы государя вели,
дым и пыль их закрыли от глаз.
Это тысячи всадников и колесниц
держат путь в юго-западный край.

Шевелятся драконы расшитых знамен, —
и идут. И на месте стоят.
От столицы на запад они отошли
за сто ли. И недвижны опять.

Непреклонны войска. Но чего они ждут,
что заставит в поход их пойти?
Брови-бабочки—этого ждали они —
наконец перед ними мертвы!

Наземь брошен цветной драгоценный убор,
не украсит ее никогда
Перьев блеск изумрудный, и золото птиц,
и прозрачного гребня нефрит.

Рукавом заслоняет лицо государь,

сам бессильный от смерти спасти.
Обернулся, и хлынули слезы и кровь
из его исстрадавшихся глаз…

Разнося над селеньями желтую пыль,
вечный ветер свистит и шумит.
Там мосты и тропинки, кружа в облаках,
ввысь ведут до вершины Цзяньгэ.

Под горою Эмэй там, в долине пустой,
проходящих не видно людей.
Боевые знамена утратили блеск,
и тусклее там солнечный свет.

Край тот Шу—с бирюзовыми водами рек
и вершинами синими гор.
Мудрый наш властелин там в изгнанье ни днем
и ни ночью покоя не знал.

Бередящее душу сиянье луны
видел он в отдаленном дворце.
Все внутри обрывающий звон бубенцов
слышал он сквозь ночные дожди…

С небесами земля совершила свой круг.
Возвращался Дракон-государь.
Подъезжая к Мавэю, поник головой
и невольно коня придержал.

Здесь, в Мавэе, под памятным этим холмом,

на сырой этой грязной земле
Как узнает он место, где яшмовый лик
так напрасно похитила смерть?

Друг на друга властитель и свита глядят,
их одежда промокла от слез,
И к воротам столицы они на восток
едут дальше, доверясь коням.

Воротились в Чанъань. Вид озер и садов
все такой же, как в прошлые дни,
И озерный фужун, как всегда на Тайи,
те же ивы в Вэйянском дворце.

Как лицо ее нежное—белый фужун,
листья ивы—как брови ее.
Все как было при ней. Так достанет ли сил
видеть это и слезы не лить?

Снова веснами персик и слива цветы
раскрывали под ветром ночным.
Вновь осенний утун с опадавшей листвой
расставался под долгим дождем.

Государевы южный и западный двор
зарастали осенней травой.
На ступени опавшие листья легли,
и багрянца никто не сметал.

У певиц, что прославили «Грушевый сад»,

в волосах белый снег седины,
Для прислужниц, заполнивших Перечный дом,
юных лет миновала весна.

К ночи в сумрачных залах огни светлячков
на него навевали печаль,
И уже сиротливый фонарь угасал,
сон же все не смежал ему век.

Не спеша, не спеша отбивают часы—
начинается длинная ночь.
Еле светится-светится в небе Река,
наступает желанный рассвет.

Стынут в холоде звери двойных черепиц.
Как приникший к ним иней тяжел!
Неуютен расшитый широкий покров.
Кто с властителем делит его?

Путь далек от усопших до мира живых.
Сколько лет как в разлуке они,
И ни разу подруги погибшей душа
не вошла в его тягостный сон…

Из Линьцюна даос, знаменитый мудрец,
пребывавший в столице в тот век,
Чист бы сердцем и высшим искусством владел
души мертвых в наш мир призывать.

Возбудил сострадание в нем государь

неизбывной тоскою по ней,
И, приказ получив, приготовился он
волшебством государю помочь.

Как хозяин пустот, пронизав облака,
быстрой молнией он улетел,
Был и в высях небес, и в глубинах земли, —
и повсюду усердно искал.

В вышине он в лазурные дали проник,
вглубь спустился до Желтых ключей,
Но в просторах, что все распахнулись пред ним,
так нигде и не видел ее.

Лишь узнал, что на море, в безбрежной дали,
есть гора, где бессмертных приют.
Та гора не стоит, а висит в пустоте,
над горою туман голубой.

Красоты небывалой сияют дворцы,
облака расцветают вокруг,
А в чертогах прелестные девы живут, —
молодых небожительниц сонм.

Среди этих бессмертных есть дева одна,
та, чье имя земное Тай-чжэнь,
Та, что снега белее и краше цветка,
та, которую ищет даос.

Видя западный вход золотого дворца,

　　он тихонько по яшме стучит.
Он, как в старой легенде, « велит Сяо-юй
　　доложить о себе Шуан-чан ».

Услыхавши о том, что из ханьской земли
　　сыном неба к ней прислан гонец,
Скрыта пологом ярким, тотчас ото сна
　　пробудилась в тревоге душа.

Отодвинув подушку и платье схватив,
　　чуть помедлила…бросилась вдруг,
И завесы из жемчуга и серебра
　　раскрывались послушно пред ней.

Уложить не успела волос облака
　　в краткий миг, что восстала от сна.
Сбился наспех надетый роскошный убор.
　　В зал сошла, где даос ее ждет.

Ветер дует в бессмертных одежд рукава,
　　всю ее овевает легко,
Словно в танце « Из радуги яркий наряд,
　　из сверкающих перьев убор ».

Одиноко-печален нефритовый лик, —
　　плачет горько потоками слез
Груши свежая ветка в весеннем цвету,
　　что стряхнула накопленный дождь.

Скрыв волненье, велит государю сказать,

как она благодарна ему:
«Ведь за время разлуки ни голос, ни взгляд
не пронзали туманную даль.

В Осиянном чертоге, где жил государь,
прервалась так внезапно любовь.
На священном Пэнлае в волшебном дворце
долго тянутся длинные дни.

А когда я смотрю на покинутый мной
там, внизу, человеческий мир,
Я не вижу столицы, Чанъани моей,
только вижу я пыль и туман.

Пусть же вещи, служившие мне на земле,
скажут сами о силе любви.
Драгоценную шпильку и ларчик резной
государю на память дарю.

Но от шпильки кусочек себе отломлю
и от ларчика крышку возьму».
И от шпильки кусочек взяла золотой,
в платье спрятала крышку она:

«Крепче золота, тверже камней дорогих
пусть останутся наши сердца,
И тогда мы на небе иль в мире людском,
будет день, повстречаемся вновь».

И, прощаясь, просила еще передать

государю такие слова
(Содержалась в них клятва былая одна,
двa лишь сердца и знало о ней):

«В день седьмой это было, в седьмую луну,
мы в чертог Долголетья пришли.
Мы в глубокую полночь стояли вдвоем,
и никто не слыхал наших слов:

Так быть вместе навеки, чтоб нам в небесах
птиц четой неразлучной летать.
Так быть вместе навеки, чтоб нам на земле
раздвоенною веткой расти!»

Много лет небесам, долговечна земля,
но настанет последний их час.
Только эта печаль—бесконечная нить,
никогда не прервется в веках.

(перевод Л. Эйдлина)

### 琵琶行

白居易

浔阳江头夜送客，枫叶荻花秋瑟瑟。
主人下马客在船，举酒欲饮无管弦。
醉不成欢惨将别，别时茫茫江浸月。
忽闻水上琵琶声，主人忘归客不发。
寻声暗问弹者谁？琵琶声停欲语迟。
移船相近邀相见，添酒回灯重开宴。
千呼万唤始出来，犹抱琵琶半遮面。
转轴拨弦三两声，未成曲调先有情。

弦弦掩抑声声思，似诉平生不得志。
低眉信手续续弹，说尽心中无限事。
轻拢慢捻抹复挑，初为《霓裳》后《六幺》。
大弦嘈嘈如急雨，小弦切切如私语。
嘈嘈切切错杂弹，大珠小珠落玉盘。
间关莺语花底滑，幽咽泉流冰下难。
冰泉冷涩弦凝绝，凝绝不通声暂歇。
别有幽愁暗恨生，此时无声胜有声。
银瓶乍破水浆迸，铁骑突出刀枪鸣。
曲终收拨当心画，四弦一声如裂帛。
东船西舫悄无言，唯见江心秋月白。
沉吟放拨插弦中，整顿衣裳起敛容。
自言本是京城女，家在虾蟆陵下住。
十三学得琵琶成，名属教坊第一部。
曲罢曾教善才服，妆成每被秋娘妒。
五陵年少争缠头，一曲红绡不知数。
钿头银篦击节碎，血色罗裙翻酒污。
今年欢笑复明年，秋月春风等闲度。
弟走从军阿姨死，暮去朝来颜色故。
门前冷落鞍马稀，老大嫁作商人妇。
商人重利轻别离，前月浮梁买茶去。
去来江口守空船，绕船月明江水寒。
夜深忽梦少年事，梦啼妆泪红阑干。
我闻琵琶已叹息，又闻此语重唧唧。
同是天涯沦落人，相逢何必曾相识！
我从去年辞帝京，谪居卧病浔阳城。
浔阳地僻无音乐，终岁不闻丝竹声。
住近湓江地低湿，黄芦苦竹绕宅生。
其间旦暮闻何物？杜鹃啼血猿哀鸣。
春江花朝秋月夜，往往取酒还独倾。

岂无山歌与村笛，呕哑嘲哳难为听。
今夜闻君琵琶语，如听仙乐耳暂明。
莫辞更坐弹一曲，为君翻作《琵琶行》。
感我此言良久立，却坐促弦弦转急。
凄凄不似向前声，满座重闻皆掩泣。
座中泣下谁最多？江州司马青衫湿。

**ПИПА**

Бо Цзюй-и

Мы там，где Сюньяна берег крутой，
　　прощаемся ночью с гостем.
На кленах листва и цветы камыша
　　шуршат под осенним ветром…

Хозяин сошел у причала с коня，
　　за гостем садится в лодку.
И подняты чарки，и выпить пора，—
　　сюда бы гуань и струны！

Но нам не приносит веселья хмель：
　　гнетет нас близость разлуки.
В минуту прощанья бескрайней волной
　　река луну затопила.

Мы слышим，как вдруг над простором вод
　　пропела пипа знакомо.
Хозяину жаль возвращаться домой，
　　и гость забыл о дороге.

И ловим мы звуки，готовы спросить：

« Кто в лодке играет, скажите? »
Замолкла пипа, и опять тишина,
и мы спросить не успели.

Но мы уже стали бортом к борту,
к себе приглашаем в гости.
Подлил я вина, прибавил огня,
и пир начинаем новый.

На наш многократный и долгий зов
она наконец явилась.
Безмолвна в руках у нее пипа,
лицо ее полускрыто.

Колки подвернула, рукой до струн
дотронулась, дав звучанье.
Еще и напева-то, собственно, нет,
а чувства уже возникли.

Пока еще глухо струны поют,
в их каждом звуке раздумье,
Так, словно пойдет о жизни рассказ,
в которой счастья не будет.

Глаза опустила и, вверясь руке,
играет она, играет,
О том, что на сердце у ней лежит,
нам все без утайки скажет.

Струну прижимает и гладит струну,

то книзу, то вверх ударит.
Сыграла « Из радуги яркий наряд »,
« Зеленый пояс » играет.

И толстые струны « цао-цао »—шумят,
как злой, торопящийся ливень,
И тонкие струны « тье-тье »—шелестят,
как нежный, доверчивый шепот.

« Цао-цао »—шумят, шелестят—« тье-тье »,
сплетя воедино все звуки,
И крупных и мелких жемчужин град
гремит на нефритовом блюде.

Щебечущей иволги милая речь
скользит меж дерев расцветших.
Во тьме захлебнувшийся чистый родник
бессилен сквозь лед пробиться.

И лед запирает движенье воды,
и нет их, застыли струны.
И струны застыли, как будто их нет,
молчанье на миг настало.

А в нем притаившаяся печаль,
невысказанная досада.
Да, это молчание в этот миг,
пожалуй, сильней звучанья…

Внезапно серебряный треснул кувшин,

на волю стремится влага.
Вдруг всадник в железных латах летит,
мечом и копьем громыхая.

Пластину, которой играет, она
поставила посередине.
Кончается песня. Четыре струны
невидимый шелк разорвали.

И в лодках недвижных, в одной и в другой,
царит тишина немая…
Мы видим, как в лоне осенней реки
белеет луны сиянье.

Молчит. И пластину от струн отняла,
и снова меж струн вонзила.
По складкам на платье рукой проведя,
с почтением строгим встала.

И так начинает: « Я родилась
в столице нашей Чанъани.
Мы жили—вы знаете Хамалин? —
в веселом этом предместье.

Мне было тринадцать, когда вполне
играю я овладела.
В дворцах, где искусствам учили нас,
слыла я одной из первых.

Сыграю, и сразу же ждет меня

восторг игроков известных.
Укращусь, и вслед поднимается мне
певиц знаменитых зависть.

Улинские юноши наперебой
мне ткани преподносили.
За каждую песню багряным шелкам
я счета уже не знала.

Поклонники сколько гребенок моих
сломали, стуча под напевы.
На скольких юбках из алой парчи
следы от вина остались.

Веселье и смех заполняли год,
другой наступал похожий.
Осенние луны и ветры весны
бездумные проносились.

С врагом воевать отправился брат,
а вскоре сестры не стало.
На смену ночам восходила заря,
моя красота поблекла.

И меньше людей у моих ворот,
и конь оседланный реже…
И я, постарев, согласилась пойти
к торговому гостю в жены.

Торговому гостю прибыль важна,

легка для него разлука,
И в месяце прошлом еще в Фулян
он чай покупать уехал.

А я по реке вперед и назад
в пустой разъезжаю лодке,
И светлой луны и речной воды
меня окружает холод.

Когда же глубокой ночью мне вдруг
приснятся юные годы,
Я плачу во сне, по румянам текут
ручьями красные слезы…?

Когда нас тревожила пеньем пипа,
уже я вздыхал невольно.
А тут еще этот ее рассказ, —
и я не сдержу стенаний.

Мы с нею сродни: мы у края небес
затеряны и забыты.
И мы повстречались; так нужно ли нам
заранее знать друг друга!

« Прошел уже год с той поры, как я
покинул столичный город,
И в ссылке живу, и в болезнях лежу
вдали от него, в Сюньяне.

Сюньян—городок захолустный, глухой,

ни музыки в нем, ни пенья.
Я за год ни разу здесь не слыхал
шелк струн и бамбук гуаня.

Живу на Пэньцзяне, у самой реки,
в сырой туманной низине.
Лишь горький бамбук да желтый тростник
одни мой дом окружают.

С утра и до вечера в этих краях
что мне достается слышать?
Кукушки надрывный, до крови, плач
да крик обезьян тоскливый.

В цветущее ль утро весной на реке
иль в ночь под осенней луною —
Всегда я с собою беру вино
и сам себе наливаю.

Да разве здесь песен в народе нет
и ди—деревенских дудок? —
Бессвязно, сумбурно они поют,
мне их мучительно слушать.

Сегодня же ночью нам пела пипа,
и говор ее я слушал
Так, словно игре бессмертных внимал —
мне песни слух прояснили.

Прошу госпожу не прощаться, сесть,

игрой порадовать снова, —
А я госпоже посвящу напев, —
пускай он «Пипа» зовется…»

Растрогалась этой речью моей
и долго она стояла.
И села, и струны рванула рукой,
и струны заторопились.

И ветер, и стужа, и дождь в них, —не те,
не прежних напевов звуки.
Все слушают снова и плачут—сидят,
закрыв рукавами лица.

Но все-таки кто из сидящих здесь
всех больше, всех горше плачет?
Цзянчжоуский сыма—стихотворец Бо
одежду слезами залил.

(перевод Л. Эйдлина)

**水调歌头**

苏 轼

明月几时有，把酒问青天。
不知天上宫阙，今夕是何年。
我欲乘风归去，又恐琼楼玉宇，
高处不胜寒。
起舞弄清影，何似在人间。
转朱阁，低绮户，照无眠。
不应有恨，何事长向别时圆？
人有悲欢离合，月有阴晴圆缺，

此事古难全。
但愿人长久，千里共婵娟。

Когда восходит луна в сияющем ярком венце,
Я, полную чашу с вином рукой высоко поднимая,
У синего неба спрошу: «О небо! в лунном дворце
Когда еще вечер—скажи—прекрасным таким бывает?»

Я с ветром попутным хочу к этому свету лететь.
Но я опасаюсь дворцов, блистающих, но нелюдимых.
Палаты из лунного света нефритами могут блестеть,
Но слишком они высоко, в них холод царит нестерпимый.

От радости я пляшу, как бабочки возле огня,
Прозрачные, легкие тени в свете луны мелькают.
И кажется мне—это люди танцуют вокруг меня…
Вот я, в светлый дом вернувшись, узорную дверь опускаю.

Заснуть не дает всю ночь ослепительный лунный свет.
Конечно, сердиться не стоит на то, что, грусть забывая,
В печальное время разлуки на несколько долгих лет
Луна, как будто нарочно, веселой и круглой бывает.

Когда встречаются люди, радость на лицах видна,
А в горькие дни разлук—лица в печали темнеют.
Над миром в ночь полнолунья так ярко сияет луна,
Когда же луна на ущербе—лицо у нее бледнеет.

И с древности так повелось—ведь редко, чтоб радость земли
И блеск обновленной луны в течении лет совпадали.

Хочу одного, — чтобы люди в разлуке за тысячи ли
Хранили души красоту и верность сердец сберегали!

（перевод З. Дановской）

### 春夜宴从弟桃花源序

李 白

夫天地者，万物之逆旅也；
光阴者，百代之过客也。
而浮生若梦，为欢几何？
古人秉烛夜游，良有以也。
况阳春召我以烟景，
大块假我以文章。
会桃花之芳园，
序天伦之乐事。
群季俊秀，皆为惠连。
吾人咏歌，独惭康乐。
幽赏未已，高谈转清。
开琼筵以坐花，
飞羽觞而醉月。
不有佳作，何伸雅怀？
如诗不成，罚依金谷酒数。

### В ВЕСЕННЮЮ НОЧЬ ПИРУЕМ В САДУ, ГДЕ ПЕРСИК И СЛИВА ЦВЕТУ

К нашим стихам

Ли Бо

Смотрите, небо и земля—они гостиница для всей тьмы тем живых! А свет и тьма—лишь гости, что пройдут по сотням лет-веков. И наша жизнь—наплыв, что сон! А радостью живем, ну, много ль мы?

Древний поэт брал в руки свечу и с нею гулял по ночам. Большой был в этом смысл! Тем более—сейчас, когда весна в разгаре, зовет меня одетой в мглу красой, и мир—великийком—мне в дар свою поэзию дает.

Собрались мы в душистый сад под персики и сливы, и дело радости по небом установленным законам в семье людей мы исполняем здесь.

Вы, младшие в искусстве, гениальны! Вы все, что младший брат поэта Се Хой-лянь. А я как стихотворец сам стыжусь, что я для вас не старший брат, поэт Канлэ.

Мы продолжаем наслаждаться уединеньем нашим, и наша речь возвышенною стала и к отвлеченной чистоте теперь идет.

Мы открываем волшебный свой пир, сидя среди цветов. Порхать мы пускаем пернатые чарки, пьянея под луной.

Но без изящного стиха в чем выразить свою прекрасную мечту? Когда же у кого из нас не выйдет стих, его накажем мы вином, согласно счету в « Золотой долине ».

（перевод Алексеева）

## 南乡子·登京口北固亭有怀

辛弃疾

何处望神州？满眼风光北固楼。千古兴亡多少事？悠悠。不尽长江滚滚流！

年少万兜鍪，坐断东南战未休。天下英雄谁敌手？曹刘。生子当如孙仲谋。

## О ТОМ, ЧТО БЫЛО У МЕНЯ НА ДУШЕ, КОГДА Я ПОДНИМАЛСЯ НА БАШНЮ ГОРЫ БЭЙГУ В ЦЗИНЬКОУ

Синь Ци-цзи

Как мне найти Шэнчжоу,

Где，по какой примете?
С башни Бэйгу видны мне
Горы и реки вдали…
Сколько，о，сколько свершений
В дебрях тысячелетий!
Чредою—расцвет и гибель,
Словно прилив и отлив,
Словно Янцзы теченье,
Извечное,
Беспредельное,
Покоя—ни на мгновенье.

Здесь，на юго-востоке,
В юные годы воин,
Отдыха в битвах не зная,
Властвовал над страной.
Из храбрецов Поднебесной
Тебя，Сун Чжун-моу，достойны
Цао и Лю —
Им право
Сравниться с тобой дано.

Коль суждено судьбой
Сыну на свет родиться,
Можно сыном гордиться,
Если он схож с тобой!

（перевод Г. Ярославцева）

## 永遇乐·京口北固亭怀古

辛弃疾

千古江山，英雄无觅孙仲谋处。舞榭歌台，风流总被雨打风吹去。斜阳草树，寻常巷陌。人道寄奴曾住。想当年，金戈铁马，气吞万里如虎。

元嘉草草，封狼居胥，赢得仓皇北顾。四十三年，望中犹记、烽火扬州路。可堪回首，佛狸祠下，一片神鸦社鼓。凭谁问：廉颇老矣，尚能饭否？

## В БЕСЕДКЕ БЭЙГУ В ЦЗИНЬКОУ ВСПОМИНАЮ МИНУВШЕЕ

Синь Ци-цзи

Горы стоят，как стояли века，
Также Янцзы все бурлит.
Только людей，как герой Сун Цюань，
Здесь не ищите—их нет!
Вместе с ареной для зрелищ и игр
След процветания смыт.
Ливни размыли，ветер размел
Вместе с землей этот след.
Солнце уходит，румяня листву，
Крыши невзрачных лачуг…
Здесь，говорят，император Цзи Ну
Жил в те далекие дни.
Не расставался с седлом и копья
Не выпускал он из рук.
Тигра грозней был. На тысячу ли
Все трепетало пред ним.
В дни Юань-цзя все иначе пошло —
Дело неважно велось：

« Жертву горе Ланцзюйцюй » принесут—
Думают, дело с концом…
Как бы не так! Опасаться потом
Севера снова пришлось
И оглянуться на север не раз
С бледным от страха лицом.
Я вспоминаю минувшие дни
Многострадальной земли —
Через Янчжоу дорогу в огне
Сорок три года назад.
Как же без боли теперь мне глядеть
Здесь на кумирню Фо Ли,
Где в окруженье галдящих ворон
Люди свершают обряд?
Жертвенный бубен угрюмо гудит,
Бьет, за ударом удар.
Я же все думаю думу одну,
Горькие мысли таю:
« Через кого еще можно узнать,
Так ли Лянь По уже стар,
Что он не может и пищи принять,
Старость презрев свою? »

(перевод Г. Ярославцева)

### 破阵子·为陈同甫赋壮词以寄之

辛弃疾

醉里挑灯看剑，梦回吹角连营。八百里分麾下炙，五十弦翻塞外声，沙场秋点兵。

马作的卢飞快，弓如霹雳弦惊。了却君王天下事，赢得生前身后名。可怜白发生！

## МУЖЕСТВЕННОЕ СТИХОТВОРЕНИЕ, НАПИСАННОЕ ДЛЯ ОТПРАВКИ ЧЭНЬ ТУН-ФУ

Синь Ци-цзи

Охмелев, поправите светильню,
Саблей залюбуетесь в шатре…
Зычный рог разбудит спящий лагерь
На холодной утренней заре.

В круг сойдетесь под походным стягом,
Жареное мясо получив.
На пятидесяти звонких струнах
Заиграете степной мотив…

Осенью помчитесь бурей в пекло,
    В ярый бой.
После битвы воинов сочтете —
    Кто живой?

Лошадь, как Дилу, летит стрелою,
Панцирь блещет серебром.
Тетива, дрожа, гудит на луке,
    Словно гром.

Воины лихие долг исполнят.
Император будет рад.
Наградит великий император
    Доблестных солдат.

Сокрушайте вражеские орды,
Гордо презирайте подлый страх.

Не бывало славы，равной вашей！…
Жаль，—белеют головы в боях.

（перевод Д．Голубкова）

**渔家傲**

范仲淹

塞下秋来风景异，衡阳雁去无留意。四面边声连角起。千嶂里，长烟落日孤城闭。

浊酒一杯家万里，燕然未勒归无计。羌管悠悠霜满地。人不寐，将军白发征夫泪。

**На мотив « Юй Цзя-ао »**

Фань Чжун-янь

Подкралась к Великой стене
　　непогожая осень.
Давно улетели
　　озябшие гуси в Хэнян.
Под звуки рожка
　　в городке закрывают ворота，
Вечернее солнце
　　садится в багровый туман.

И шум и тревога，
　　когда же конец суматохе？
Яньжань не обуздана.
　　Дома тоскует жена.
И варварской флейтою
　　плачется ветер над степью.
Снега надвигаются
　　выпью，пожалуй，вина.

Солдаты не спят.

И не в силах заснуть полководец.

Как иней,

белеет в его волосах седина.

（перевод Н. Банникова）

## 苏幕遮

范仲淹

碧云天，黄叶地，秋色连波，波上寒烟翠。山映斜阳天接水，芳草无情，更在斜阳外。

黯乡魂，追旅思，夜夜除非，好梦留人睡。明月楼高休独倚，酒入愁肠，化作相思泪。

## Воспоминания о прошлом

Фань Чжун-янь

Тяжелыми тучами
Небо заткало.

Листва пожелтела,
На землю легла.

Вздымаются волны
И бьются о скалы,

Над ними холодная
Черная мгла.

Лучи побежали
По горной вершине.

Вот спряталось солнце,
С ним радость ушла.

Сливается небо
С водой темно-синей.

Трава потемнела,
Трава умерла.

Тоскую по дому,
Где счастлив был прежде

Но как возвратиться
На родину мне?

Ночною порой
Засыпаю в недежде,

Что дом свой увижу
Хотя бы во сне.

Живу я один
В стороне чужедальней.

Я пью, и меня
Освещает луна.

Тоски одиночества
Нету печальней, —

Ее не развеешь

За чашей вина.

（перевод Л. Черкасского）

## 桃花源记

陶渊明

晋太元中，武陵人捕鱼为业，缘溪行，忘路之远近。忽逢桃花林，夹岸数百步，中无杂树，芳草鲜美，落英缤纷。渔人甚异之。

复前行，欲穷其林。林尽水源，便得一山。山有小口，仿佛若有光。便舍船，从口入。初极狭，才通人。复行数十步，豁然开朗。土地平旷，屋舍俨然，有良田美池桑竹之属。阡陌交通，鸡犬相闻。其中往来种作，男女衣著，悉如外人。黄发垂髫，并怡然自乐。

见渔人，乃大惊，问所从来，具答之。便要还家，设酒杀鸡作食。村中闻有此人，咸来问讯。自云先世避秦时乱，率妻子邑人来此绝境，不复出焉，遂与外人间隔。问今是何世，乃不知有汉，无论魏晋。此人一一为具言所闻，皆叹惋。余人各复延至其家，皆出酒食。停数日，辞去。此中人语云："不足为外人道也。"

既出，得其船，便扶向路，处处志之。及郡下，诣太守，说如此。太守即遣人随其往，寻向所志，遂迷，不复得路。

南阳刘子骥，高尚士也，闻之，欣然规往，未果，寻病终。后遂无问津者。

## ПЕРСИКОВЫЙ ИСТОЧНИК

Тао Юань-мин

При династии Цзинь, в эпоху с девизом « Великих начал », один человек из Улина, занятый рыбною ловлей, как-то плыл в лодке по протоку, забыв, как далеко завел его путь. И вдруг перед ним—роща из персиков; сжала два берега на пространстве в несколько сотен шагов; других же деревьев средь персиков здесь не росло, лишь душистые травы сверкали свежо и прелестно, да цвет опадал с них, что хлопья рваной канвы. Рыбак удивился, и очень, подальше пошел, желая дойти до конца этой рощи. Роща закончилась, речка источником стала. И тут же нашел он гору. В горе этой было отверстие малое: в нем брезжил как будто какой-то свет. Он лодку оставил, пошел по отверстию внутрь. Сначала там было узко ужасно: пробраться мог лишь один человек. Дальше прошел он шагов с десяток—другой, — и вдруг блеснул перед ним просвет и раскрылся простор. Местность была равнина широкая, на ней отличные жилые строения. Там были поля превосходной земли, прекрасные были пруды, и тут, и бамбук, и прочее все. Межи и пути шли рядом, друг возле друга и друг через друга. Собака залает, петух закричит—друг друга услышат … У людей там походка, манеры и жесты, одежда у женцин, мужчин—все как будто бы у иноземцев. Пряди изжелта-седые и детские чёлки-узлы—все были довольны и радостны. Увидев рыбака, премного изумились, спросили его, откуда пришел он. Он отвечал им подробно. Они же пригласили его войти в дом, поставили вина и кур зарезали, устроили обед. В деревне услыхали, что есть такой вот человек, и все как есть пришли наведаться, спросить. А о себе так говорили, что они давным-давно бежали от смуты циньских времен, забрали детей и жен и всяких людей из местечка, и вот прибрели сюда, в это чудное место, откуда уж больше как есть никуда не выходят, и так с внешним миром они разобщились совсем. Спросила: « Теперь что за век, поколенье у вас? » Оказалось, что вовсе не знают, что были такие Хани, тем паче и Вэи и Цзини. Тогда этот им человек одно за другим в подробности все изложил, и то, что им слушать пришлось, вызывало все время и вздохи и скорбь. Пришли и другие, прочие все, и каждый его опять к себе зазывал, у себя ж доставал и вино, и еду…Он остался на несколько дней и тогда лишь простился со всеми, ушел… А люди ему так говорили: « Не стоит говорить об этом всем с людьми, посторонними нам ». Рыбак ушел, нашел свою ладью и стал по пройденной дороге на каждом месте ставить знак. Явился у себя в присутственное место и к губернатору пришел. Все рассказал: так, мол, и так. А губернатор тотчас же послал своих людей сопровождать его туда. Он стал искать везде свои обозначенья, запутался совсем, дороги больше не нашел.

Наньянский Лю Цзы-цзи, ученый высокопринципиальный, узнав об этом всем, пришел в восторг и сам направился туда. Не вышло ничего. Он заболел, скончался…А потом уж не было совсем людей, « пытающих—как сказано, — где брод ».

(перевод Алексеева)

## 陋室铭

刘禹锡

山不在高，有仙则名。水不在深，有龙则灵。斯是陋室，惟吾德馨。苔痕上阶绿，草色入帘青。谈笑有鸿儒，往来无白丁。可以调素琴，阅金经。无丝竹之乱耳，无案牍之劳形。南阳诸葛庐，西蜀子云亭。孔子云："何陋之有？"

## ДОМУ УБОГОМУ НАДПИСЬ МОЯ

Лю Юй-си

Гора—там дело не в высоте, коль есть в ней подвижник—она славна. Река—там дело не в глубине, коль есть в ней дракон—она свята. Вот это—убогий дом! Мох следами ползет по крыльцу наверх, зеленея. Краски травы в самый занавес входят, синея. Поговорить, похохотать—здесь есть широкие ученые. Ко мне сюда иль я к кому—простых людей здесь не бывает. Здесь можно сыграть на скромнейшей лютне, смотреть золотую книгу.

Нет здесь ни дудок, ни струн, смущающих ухо. Нет ни бумаг,

ни цыдул, изнуряющих тело. В Наньяне на юге—домик Чжугэ. В Западном Шу—беседка Цзы-юня. Философ наш Кун говорит: « О каком же, скажите, убожестве речь? »

（перевод Алексеева）

## 秋声赋

欧阳修

欧阳子方夜读书，闻有声自西南来者，悚然而听之，曰：“异哉!”初淅沥以萧飒，忽奔腾而砰湃，如波涛夜惊，风雨骤至。其触于物也，鏦鏦铮铮，金铁皆鸣；又如赴敌之兵，衔枚疾走，不闻号令，但闻人马之行声。予谓童子：“此何声也？汝出视之。”童子曰：“星月皎洁，明河在天，四无人声，声在树间。”

余曰：“噫嘻悲哉！此秋声也，胡为而来哉？盖夫秋之为状也，其色惨淡，烟霏云敛；其容清明，天高日晶；其气栗冽，砭人肌骨；其意萧条，山川寂寥。故其为声也，凄凄切切，呼号愤发。丰草绿缛而争茂，佳木葱茏而可悦；草拂之而色变，木遭之而叶脱。其所以摧败零落者，乃其一气之余烈。夫秋，刑官也，于时为阴；又兵象也，于行用金。是谓天地之义气，常以肃杀而为心。天之于物，春生秋实。故其在乐也，商声主西方之音，夷则为七月之律。商，伤也，物既老而悲伤；夷，戮也，物过盛而当杀。”

“嗟夫！草木无情，有时飘零。人为动物，惟物之灵。百忧感其心，万事劳其形，有动于中，必摇其精。而况思其力之所不及，忧其智之所不能，宜其渥然丹者为槁木，黟然黑者为星星。奈何以非金石之质，欲与草木而争荣？念谁为之戕贼，亦何恨乎秋声！”

童子莫对，垂头而睡。但闻四壁虫声唧唧，如助余之叹息

## ГОЛОС ОСЕНИ

Ода

Оуян Сю

Оуян ученый ночью как-то раз сидел над книгой. Вдруг он

слышит: звук какой-то появился и донесся с юго-запада к нему. Задрожав от страха, стал он в эти вслушиваться звуки и сказал: « Как это странно! Я сначала слышал звуки брызг дождя, паденья капель вместе с резким свистом ветра. Вдруг теперь галоп я слышу, бег стремительный коней и затем—« хлёст-хлёст »—как будто волны моря, взбушевавшись, ночью темной нас пугают, дождь и ветер ураганом налетают вдруг на нас. И когда они заденут по пути за что попало—« цссун-цссун-чхэн-чхэн »—медь, железо вслед тотчас же заревут. Иль еще, как будто войско, устремляясь на врага, быстро мчится … Рты заткнуты … Крик команды уж не слышен…Слышен только шаг и топот конской рати на походе ».

Я обратился к слуге-мальчику: « Что это за звуки? Выйди, посмотри, что там такое? ». Отрок ответил: « Звезды, месяц белы и чисты, и лежит на небе Светлая Река. Но нигде людских нет голосов. Этот звук—в деревьях, где-то там ».

Я промолвил: « Ой, беда! Это голос осени! Зачем, зачем он вдруг явился » В самом деле, что дает нам видеть осень?

Ее краски и угрюмы и бледны. Сселась дымка, полетели тучи вверх. Ее образ—образ чистый, светлый лик. Небо—высь одна, а солнце—что хрусталь. Ее воздух—резкий, жесткий холодок. Колет кожу человеку докостей. Мысль ее живет безрадостным томленьем; горы, реки—все безмолвно, все мертво. Вот почему и голос ее в жуткой стуже резок. Стон и вой несу тся в выси. Роскошные травы спорили друг с другом бархатным цветом густой зелени. Деревья, прекрасные плотной листвою своею, были нам приятны, милы, дороги. Но травы, лишь осень коснется их, краски свои изменяют; дерево, с ней повстречавшись, лист свой роняет на землю.

Что же ломает, мертвит, валит на землю, крушит? То жестокость неизбывная духа этого единого.

Да, скажу я, осень—это уголовный комиссар, а в движеньи

времен года—это тень и тьма. И еще скажу: то символ войск с оружием … Стихия ж осени—металл. Она означает тот дух завершенной идеи в природе небесно-земной. Она всей душою живет в сурово-безжалостной казни.

Ведь небо для тварей природы весной все рождает и жизнь и осенью все завершает в плод. Вот почему и в музыке для осени есть нота шан—тот тон определяет запад. И далее—ицзэ, иль нота и строе люй, что соответствует седьмой луне. Шан-нота—это «шан», что значит—повредить, убить. Когда живое существо стареет, то оно скорбит от повреждений тела, ран. В ицзэ «и»—значит убивать. Когда живое существо чересчур полно, то надлежит его убить.

Увы, что делать? Травы и деревья—существо бездушные: как подходит время им, в вихре опадают. Человек же—это тварь одушевленная, и средь тварей самый одаренный он. Сотни всяких скорбей потрясают его душу. Сотни тысяч дел мирских тело изнуряют. Если ж в недрах человека начинается движенье, то оно сейчас же двинет дух живой его природы, всколыхнет.

А тем более, когда мы знаем, как томится он мечтой о том, что его силам недоступно навсегда; как печалится о том, чего ему не одолеть … И понятно станет сразу почему—то, где сочилась киноварью кровь, вдруг стало сохлой древесиной, а где чернел черным-черневший цвет, вдруг раззвездилося звездами … Еще бы! Человек ведь не металл иль камень по природе и хочет вдруг заспорить то с травой, то с деревом в цветеньи пышном их.

Подумай же теперь, кто мой злодей с ножом в руках? И почему б я злиться стал на голос осени, скажи! »

…Но мальчик мой мне ничего не отвечал. Он свесил голову и спал. Я слышал лишь, как там, в стенах вокруг меня, трещал сверчок: «цсси-цсси»…Он словно помогал вздыхать моей тоске.

（перевод Алексеева）

## 醉翁亭记

欧阳修

环滁皆山也。其西南诸峰，林壑尤美，望之蔚然而深秀者，琅琊也。山行六七里，渐闻水声潺潺，而泻出于两峰之间者，酿泉也。峰回路转，有亭翼然临于泉上者，醉翁亭也。作亭者谁？山之僧智仙也。名之者谁？太守自谓也。太守与客来饮于此，饮少辄醉，而年又最高，故自号曰醉翁也。醉翁之意不在酒，在乎山水之间也。山水之乐，得之心而寓之酒也。

若夫日出而林霏开，云归而岩穴暝，晦明变化者，山间之朝暮也。野芳发而幽香，佳木秀而繁阴，风霜高洁，水落而石出者，山间之四时也。朝而往，暮而归，四时之景不同，而乐亦无穷也。

至于负者歌于途，行者休于树，前者呼，后者应，伛偻提携，往来而不绝者，滁人游也。临溪而渔，溪深而鱼肥，酿泉为酒，泉香而酒洌；山肴野蔌，杂然而前陈者，太守宴也。宴酣之乐，非丝非竹，射者中，弈者胜，觥筹交错，起坐而喧哗者，众宾欢也。苍颜白发，颓然乎其间者，太守醉也。

已而夕阳在山，人影散乱，太守归而宾客从也。树林阴翳，鸣声上下，游人去而禽鸟乐也。然而禽鸟知山林之乐，而不知人之乐；人知从太守游而乐，而不知太守之乐其乐也。醉能同其乐，醒能述以文者，太守也。太守谓谁？庐陵欧阳修也。

## В БЕСЕДКЕ ПЬЯНОГО СТАРЦА

Оуян Сю

Кольцом вокруг района Чу—все это будут горы. Но чащи леса и ущелья гор средь юго-западных вершин особо хороши, и ежели всмотреться в них, то там есть как букет роскошная гора, глубокая, красивая весьма—и это будет Ланье. Горой идти верст шесть иль семь, и слышен станет постепенно шум от воды, с бульбулькающим звуком выходящей в расселине двух скал, — то будет Винный родничок. Но вот вершины повернут, дорога тоже обогнет, и там стоит одна беседка—простерлись крылья, словно птичьи, вплоть подошли и стали над водой—и это будет та беседка, где старец пьян.

Кто выстроил беседку эту? То горный был монах Чжи Сянь ( С умом, ушедшим от земли ) . Назвавший так ее был кто? То губернатор здешних мест имел в виду себя. Да, губернатор приходил сюда с гостями пить. Немного выпьет, а уж пьян. Летами он куда уж как высок, и потому себя титуловал « Хмельной старик » . При этом помысел хмельного старика не заключается в вине, а в здешних водах и горах. Он эту радость гор и вод всем сердцем воспринял и сопоставил образно с вином вот так…

Теперь, когда восходит солнце, когда туман в лесу раскроется совсем, иль в час, когда на небе облака уйдут к себе и меркнут в мгле утесы и пещеры, — вся эта смена света в тьму, для гор то будет утро-вечер.

Вот распустились дикие цветы и скромно пахнут; прекрасные деревья так стройны, и тень от них обильна и густа; вот ветер с инеем высоко летают в воздухе, прозрачны и чисты; спадает уровень воды, и камни выступают вверх—такими будут здесь в горах четыре времени в году. Идти туда с утра, а вечером—домой. Природа четырех времен хоть не одна и та же, но наслажденье ею без границ. А вот с поклажей на спине идут, поют среди пути; идут, под деревом стоят и отдыхают от ходьбы; те, кто из них ушел вперед, окрикнут тех, кто позади, и те в ответ им прокричат. Согнувшись, как горбун-урод, несут, несут и все идут вперед-назад, и без конца. То будет населенье Чу, что путешествует в горах.

Подходит он к ручью и удит рыбу. Ручей глубок, а рыба так

жирна！Из винного источника он делает вино. Источник—прямо аромат，вино же—холод，стужа… Деликатесы гор и дикие плоды положены на стол，одно с другим и как попало—все это будет на пиру у губернатора гостям. А музыкою на пиру хмельным гостям не будут здесь ни струны и ни флейты，а вот—стрелять и в цель попасть；сыграть тур в шахматы—побить … Штрафная чарка，счетный фант везде валяются вокруг…Один встает，другой сидит，кричат，шумят—все это будет для гостей весельем на пиру.

А тот，кто с лицом посеревшим и белыми прядями длинных волос валяется здесь на пиру средь гостей，— упился это губернатор.

Пройдет момен—вечернее светило на горе；и человеческие тени пошли вразброд. К себе домой уходит губернатор，за ним и гостям чередой. Лес в мрак одет теперь，и птичьи голоса то там，вверху，то здесь，внизу. Гулявшие ушли；пернатому народу теперь веселье здесь. Да，птица знает радость гор и чащ，не знает только радости людей. И люди тоже знают лишь，как с губернатором гулять и вевелиться，не знают лишь они о том，как губернатор весел сам весельем их.

Теперь тот，кто，пьянея с ними，умеет слиться с радостью их，а，протрезвев，умеет на письме об этом рассказать，то губернатор сам. А губернатор кто，скажите？Лулинский Оуян Сю！

（перевод Алексеева）

## 爱莲说

周敦颐

水陆草木之花，可爱者甚蕃。晋陶渊明独爱菊；自李唐来，世人甚爱牡丹。予独爱莲之出淤泥而不染，濯清涟而不妖，中通外直，不蔓不枝，香远益清，亭亭净植，可远观而不可亵玩焉。

予谓菊，花之隐逸者也；牡丹，花之富贵者也；莲，花之君子者也。噫！菊之爱，陶后鲜有闻。莲之爱，同予者何人？牡丹之爱，宜乎众矣！

## О ЛЮБВИ К ЛОТОСУ

Чжоу Дунь-и

На суше, на воде, в траве, на дереве—повсюду цветов есть очень много всяких, которые достойны любованья. В эпоху Цзинь жил Тао Юань-мин—поэт, который полюбил одну лишь хризантему. С династии же Тан (из рода Ли) и вплоть до наших дней любовь людей сильней всего—к пиону.

А я так люблю один только лотос—за то, что из грязи выходит, но ею отнюдь не замаран, и, чистою рябью омытый, капризных причуд он не знает. Сквозной внутри, снаружи прям… Не расползается и не ветвится. И запах от него чем далее, чем чище …

Он строен и высок, он чисто так растет. Прилично издали им разве любоваться, но забавляться с ним, как с пошлою игрушкой, отнюдь нельзя.

И вот я так скажу:

Хризантема средь цветов—то отшельник, мир презревший. А пион среди цветов—то богач, вельможа знатный. Лотос—он среди цветов— рыцарь чести, благородный человек.

Да! Да! Любовью к хризантеме, с тех пор как Тао нет, прославлен редко кто. Любовью к лотосу живет со мною вместе какой поэт?

Любовь к пиону подойдет поэту из толпы.

(перевод Алексеева)

## 前赤壁赋

苏　轼

壬戌之秋，七月既望，苏子与客泛舟游于赤壁之下。清风徐来，水波不兴。举酒属客，诵明月之诗，歌窈窕之章。少焉，月出于东山之上，徘徊于斗牛之间。白露横江，水光接天。纵一苇之所如，凌万顷之茫然。浩浩乎如冯虚御风，而不知其所止；飘飘乎如遗世独立，羽化而登仙。

于是饮酒乐甚，扣舷而歌之。歌曰："桂棹兮兰桨，击空明兮溯流光。渺渺兮余怀，望美人兮天一方。"客有吹洞箫者，倚歌而和之，其声呜呜然：如怨如慕，如泣如诉；余音袅袅，不绝如缕；舞幽壑之潜蛟，泣孤舟之嫠妇。

苏子愀然，正襟危坐而问客曰："何为其然也?"

客曰："'月明星稀，乌鹊南飞'，此非曹孟德之诗乎? 西望夏口，东望武昌，山川相缪，郁乎苍苍，此非孟德之困于周郎者乎? 方其破荆州、下江陵，顺流而东也，舳舻千里，旌旗蔽空，酾酒临江，横槊赋诗，固一世之雄也，而今安在哉? 况吾与子渔樵于江渚之上，侣鱼虾而友麋鹿，驾一叶之扁舟，举匏樽以相属；寄蜉蝣与天地，渺沧海之一粟。哀吾生之须臾，羡长江之无穷，挟飞仙以遨游，抱明月而长终。知不可乎骤得，托遗响于悲风。"

苏子曰："客亦知夫水与月乎? 逝者如斯，而未尝往也；盈虚者如彼，而卒莫消长也。盖将自其变者而观之，则天地曾不能以一瞬；自其不变者而观之，则物与我皆无尽也，而又何羡乎? 且夫天地之间，物各有主。苟非吾之所有，虽一毫而莫取。惟江上之清风，与山间之明月，耳得之而为声，目遇之而成色，取之无禁，用之不竭，是造物者之无尽藏也，而吾与子之所共适。"

客喜而笑，洗盏更酌。肴核既尽，杯盘狼藉。相与枕藉乎舟中，不知东方之既白。

## КРАСНАЯ СТЕНА

*Ода первая*

Су Ши

Осенью года под знаками « жэнь » и « сюй », в тот день, как полна седьмая луна, ученый Су Ши со своими гостями на лодке плыл и в этой прогулке под Красной Стеной очутился. Чистый ветер потихоньку веял, и на воде волна не поднималась. Подняв вино, я пригласил гостей продекламировать стихи о « Светлой и белой луне », пропеть главу о « Милой скромной, о ней »…Еще мгновенье—и луна восходила уж там над горами с востока, качаясь-шатаясь по небу в созвездьях Ковша и Вола.

Белые росы легли через Цзян, водные светы с небом сплелися … Мы дали тростинке-ладье плыть всюду, куда ей идется, и выплыли вдруг на безбрежность просторов на тысячи цин. О водные глади, о водные шири! Я словно приник к пустоте, я словно помчался на ветре, не зная, не видя, где будет стремленью, движенью конец. Порхаю, взлетаю! Словно мир весь оставив, презрев, я стою одиноко над миром. Как крылатый святой, существо свое преображаю и вздымаюсь в святую обитель бессмертных живых существ.

И вот тогда я пил вино, возвеселился чрезвычайно, бил лодку по борту и пел. И песнь моя была:

*Кормовое весло—коричное…да!*

*А гребное весло—орхидейный ствол.*

*Вот ударю я веслом по воздушному светилу—да!*

*Поплыву навстречу воли, их текучему сиянию.*

*Как бескрайни, как безбрежны, да, безбрежны,*

*все мои воспоминанья!*

*Устремлюсь мечтой к прекрасным людям, людям,*

*где ж они?*

*Там*，*в одной стране под небом*！…

Один из гостей играл на свирели сяо. Он стал теперь мне вторить в такт.

Однако тон его вдруг как-то загудел，заныл. Там словно злоба слышалась，то словно зависть и томленье，то словно плач，то жалоба на что-то. Остатним звуком плыл другой，звеневший чем-то долгим-долгим，не прерываясь，словно шелковал нить. На пляску подымал дракона он，что лег в глуби безлюдного затона，слезы исторгал он у вдовы，скучающей не лодке одинокой.

Тогда ученый Су с обеспокоенным лицом оправил на себе одежду，сел настороженно и прямо и гостя вопросил：« Зачем，скажи，все это у тебя выходит так？» Гость отвечал：« Луна светла，но звезды поредели. И черные грачи летят на юг…» Эти стихи разве не принадлежат（знаменитому）Цао Мэн-дэ？Ну，а эти стихи：« На запад гляжу—там Сякоу. Гляжу на восток—там Учан. Гора у реки и река у горы серым-серы，грусти полны » —разве эти стихи не говорят о том，как Мэн-дэ попал в западню Чжоу-лана？Ведь когда он разбил врага под Цзинчжоу и поплыл по реке до Цзянлина，он шел по теченью реки на восток.

И нос одного корабля шел за кормою другого на протяжении тысячи ли. А бунчуки，знамена с перьями，хвостами пустоты высей закрывали. С вином в руке он подошел к самой реке，поперек лодки положил свое копье и стал на нем писать стихи.

То доподлинно был герой целой эпохи. А теперь—где он？Тем паче мы с тобой вдвоем ведем себя здесь на речных мелях，как рыбаки и дровосеки. Запанибрата здесь мы с рыбой，раком；дружим с оленем，кабаргой. Сидим на маленькой лодке，размером в лепесток，вздымаем тыквенные щи，друг друга приглашаем пить. Мы здесь，меж небом и землей，живем какой-то миг один， поденкой, тлей. Мы—что крупиночка одна, ничтожны в океане вод, седых морей.

И плачу я, что жизнь моя есть только миг один. Завидно мне, что долгий Цзян так вечен, без конца! Вот если б ухватить летящего святого и с ним все реять, реять и блуждать! О, если бы обнять мне светлую луну и в вечность с ней кончину отдалить! Я понимаю, что нельзя всем этим сразу овладеть, и вою бури отдаю свой стон, ушедший от земли?.

Ученый Су сказал: « Послушай, друг, ты понимаешь, что такое вода, луна? Уходящее от нас—вот в этом роде—да, но вода ведь не уйдет совсем. Что полно и что пусто—вот таково, а все ж в конце концов луна вполне не исчезает, как и не пухнет без конца.

И вот попробуем, посмотрим, исходя из вечного начала изменений—тогда и небо и земля не могут ни на шаг один самими быть собою. А если взглянем, исходя из истины неизменяемой природы, то все на свете здесь, и ты и я не можем никогда прийти к уничтожению. И если это так, к чему ж тогда завидовать, желанием томиться?

Еще скажу: меж небом и землей не свете все, вещь каждая себе хозяина имеет. И если что-нибудь мне не принадлежит, то хоть бы был то волосок, я не возьму. Но вот над Цзяном чистый ветерок иль вот в горах лучистая луна—мое ухо уловит его, как звучное нечто, мой глаз, повстречавши ее, в красках себе закрепляет. Бери его—ничего не возбранит. Ей пользуйся—ее не истощишь. Вот где сокровища земли, неисчерпаемые в век, которые создал все тот же он, творец вещей! И вот оно, чем ты и я совместно можем наслаждаться! »

Мой гость был удовлетворен, смеялся…Он чарку вымыл и еще себе налил. А на столе съестное все пришло к концу. Подносы, чарки были в беспорядке, валялись зря. И мы на лодке тоже коекак уснули друг на друге，как на подушках…Не знали мы，что уж восток белел.

（перевод Алексеева）

## 后赤壁赋

苏　轼

是岁十月之望，步自雪堂，将归于临皋。二客从予过黄泥之坂。霜露既降，木叶尽脱，人影在地，仰见明月，顾而乐之，行歌相答。

已而叹曰："有客无酒，有酒无肴，月白风清，如此良夜何?"客曰："今者薄暮，举网得鱼，巨口细鳞，状如松江之鲈，顾安所得酒乎?"归而谋诸妇。妇曰："我有斗酒，藏之久矣，以待子不时之需。"

于是携酒与鱼，复游于赤壁之下。江流有声，断岸千尺；山高月小，水落石出。曾日月之几何，而江山不可复识矣。予乃摄衣而上，履巉岩，披蒙茸，踞虎豹，登虬龙，攀栖鹘之危巢，俯冯夷之幽宫。盖二客不能从焉。划然长啸，草木震动，山鸣谷应，风起水涌。予亦悄然而悲，肃然而恐，凛乎其不可留也。反而登舟，放乎中流，听其所止而休焉。

时夜将半，四顾寂寥。适有孤鹤，横江东来，翅如车轮，玄裳缟衣，戛然长鸣，掠予舟而西也。须臾客去，余亦就睡。梦一道士，羽衣蹁跹，过临皋之下，揖予而言曰："赤壁之游乐乎?"问其姓名，俯而不答。"呜呼！噫嘻！我知之矣。畴昔之夜，飞鸣而过我者，非子也耶?"道士顾笑，予亦惊寤。开户视之，不见其处。

## КРАСНАЯ СТЕНА

*Ода вторая*

Су Ши

Все в этом же году，в день полной десятой луны，я шел пешком из « Студии в снегах » своей к себе домой，ко Взгорью，и двое гостей провожали меня за пригорок，именуемый

Желтая Грязь.

Сел иней холодной росою, и листья опали, деревья обнажив догола. Тени людей ложились на землю, над головою сияла луна. Я посмотрел вокруг—и стало так приятно! Мы шли и пели, вторили друг другу. И вот я так сказал вздохнув: « Есть гости, нет вина. Иль есть вино, но нечем закусить. Луна бела, ветер чист, в такую ночь, в глубокий час, как быть? » Гость отвечал: « Сегодня дело было так. Под вечер я свой невод вытащил и рыбу в нем нашел с большою пастью, тонкой чешуей… По виду мне она напомнила сазана, что ловится в реке Сунцзян. Я посмотрел, сказал: « Но где же мне взять теперь вина? » Пошел домой поговорить с женой. Она ж мне вот что: « У меня есть целая мера вина. Запасла я его уж давненько, ждала все, когда ты потребуешь вдруг пить ».

И вот гость притащил вина и рыбу. Мы вновь направились гулять под Красною Стеной.

Янцзыцзян катил свои волны, шумел. Обломанный берег высился тысячей чи. Высокие горы и маленький месяц… Спадала вода, и камни под ней выступали.

Много ли всего дней и месяцев прошло, а воды и горы стали вдруг неузнаваемы!

И вот тогда я, полы подобрав, взбираться стал наверх. Я пошел по скалистым утесам, пробираясь сквозь заросли трав и кустов. То хватался за тигра какого иль барса, то взлезал на драконк какого с рогами…Забрался на круче в гнездо, где коршун сидит, и видел внизу под собою храм тайный Фэн И—водяного;

Сюда, конечно, оба гостя, идя за мной, взобраться не могли. Вдруг воздух полоснул далекий, долгий свист. Трава, деревья, вздрогнув, закачались. В горах завыло дико, долы отвечали. Поднялся ветер, воды всколыхнулись. Я тоже горестно, признаться, приуныл. Потом я испугался, стал дрожать. Здесь оставаться было невозможно. И я вернулся, сел в лодку и пустил ее плыть по течению реки: где остановится, и ладно—там пусть и будет мой ночлег.

А ночь была уж в половине. Куда ни глянь—везде такая тишина! И в это время вдруг какой-то одинокий, смотрю, журавль пересекает Цзян, летя откуда-то с востока. А крылья у него изогнуты, как колесо телеги, подол весь черный, как шелк-сырец его одежда… С протяжным криком « га » пронесся он на запад, задев крылом ладью.

Еще момент—другой, и гости стали уходить, и я лег тоже спать. Вдруг вижу я во сне какого-то даосского святого в одежде из перьев. Порхая в воздухе, кружа, пронесся, сел у Взгорья моего. Он чинно так приветствовал меня и вежливо спросил: « Как вам понравилась прогулка ваша внизу, где Красная Стена? » А я спросил, как его имя, фамилия, и все. Он, опустивши вниз лицо, мне ничего не отвечал. « Ага! Ага! —сказал тут я. — Я понял, да! Скажите-ка, в ту ночь, когда я там гулял, не были ли вы тем, кто с криком пролетел мимо меня? » Даос с улыбкой отвернулся. Ну, а я все понял, все, весь встрепенулся, дверь отворил, чтоб на него взглянуть, но где он, мне уж было не видать.

(перевод Алексеева)

# 参 考 文 献


1. Алексеев В. М.：*Китайская классическая проза в переводах академика В. М. Алексеева*，Москва：Академия наук СССР，1959.

2. Бархударов Л. С.：*Язык и перевод*，М.：Международные отношения，1975.

3. Бо Цзюй-и.：*Лирика. Перевод с китайского Л. Эйдлина*，Москва：Художественная литература，1965.

4. Бушмин А.：*Наука о литературе*，М.：Современник，1980.

5. Верещагин Е. М. и Костомаров В. Г.：*Язык и культура*，М.：Русский язык，1990.

6. Виноградов В. С.：*Введение в переводоведение（общие и лексические вопросы）*，М.：ИОСОРАО，2001.

7. Виноградов В. В.：*Проблемы русской стилистики*，Москва：высшая школа，1981.

8. Гарбовский И. К.：*Перевод как лингвистическая проблема*，Москва：Московский университет，1982.

9. Гарбовский И. К.：*Теория перевода*，М.：Московский университет，2004.

10. Гачечиладзе Г.：*Художественный перевод и литературные взаимосвязи*，Москва：Советский писатель，1980.

11. Голуб И. Б.：*Стилистика современного русского языка*，Москва：Высшая школа，1986.

12. Ду Фу.：*Стихотворения. Перевод с китайского А. Гитовича*，Москва：Государственное издательство Художественной литературы，1962.

13. Караулов Ю. Н. : *Русский язык и языковая личность*, Москва: Наука, 1987.

14. Ковалева К. И. : *Оригинал и перевод: два лица одного текста*, Москва: Всероссийский центр переводов, 2001.

15. Кожин А. Н. : *Стилистика русского языка*, Москва: Наука, 1987.

16. Комиссаров В. Н. : *Лингвистика перевода*, Москва: Международные отношения, 1980.

17. Комиссаров В. Н. : *Современное переводоведение* ( *курс лекций* ), Москва: ЭТС, 1999.

18. Комиссаров В. Н. : *Современное переводоведение* ( *учебное пособие* ), Москва: ЭТС, 2002.

19. Комиссаров В. Н. : *Теория перевода* ( *лингвистические аспекты* ), Москва: Высшая школа, 1990.

20. Красных В. В. , Гудков. Д. Б. и др. : *Когнитивная база и прецедентные феномены в системе других единицив коммуникации*, Вестник Московскогоуниверситета, 1997 .

21. Красных В. В. : *Этнопсихолингвистика и лингвокультурология*, М: 2002.

22. Латышев Л. К. : *Перевод: проблемы теории, практики и методики преподавания*, М. : Просвещение, 1988.

23. Латышев Л. К. : *Технология перевода*, Москва: НВИ-ТЕЗАУРУС, 2000.

24. Ли Бо. : *Избранная лирика. Перевод с китайского А. Гитовича*, Москва: Гослитиздат, 1957.

25. Лилова А. : *Введение в общую теорию перевода*, М. : Высшая школа, 1985.

26. Миньяр-Белоручев Р. К. : *Теория и методы перевода*, М. : Московский Лицей, 1996.

27. Нелюбин Л. Л. : *Перевод и прикладная лингвистика*, Москва: Высшая школа, 1983.

28. Рецкер Я. И.：*Теория перевода и переводческая практика*，М.：Международные отношения，1974.

29. Солганик Г. Я.：*Стилистика текста*，М.：Филинта и Наука，2001.

30. Топер П. М.：*Перевод в системе сравнительного литературоведения*，Москва：Наследие，2000.

31. Фёдоренко Н. Т.：*Китайская классическая поэзия*，Москва：Государственное издательство художественной литературы，1956.

32. Фёдоренко Н. Т.：*Китайская литература*，Москва：Государственное издательство художественной литературы，1956.

33. Федоренко Н.：*Китайское литературное наследие и современность*，Москва：Художественная литература，1981.

34. Фёдоров А. В.：*Введение в теорию перевода*，Москва：литература на иностранных языках，1958.

35. Фёдоров А. В.：*Искусство перевода и жизнь литературы*，Ленинград：Советский писатель，1983.

36. Фёдоров А. В.：*Основы общей теории перевода*，Москва：Высшая школа，1983.

37. Фёдоров А. В.：*Очерки общей и сопоставительной стилистики*，Москва：Высшая школа，1971.

38. Чернов Г. В.：*Теория и практика синхронного перевода*，М.：Международные отношения，1978.

39. Черняховская Л. А.：*Перевод и смысловая структура*，М.：Международные отношения，1974.

40. Чуковский К. И.：*Высокое искусство*（*о принципах художественного перевода*），М.：Искусство，1964.

41. Швейцер А. Д.：*Текст и перевод*，Москва：Наука，1988.

42. Ширяев А. Ф.：*Синхронный перевод*，Москва：Военное издательство，1979.

43. Ярославцев Г.：*Поэзия эпохи Сун*，Москва：Гослитиздат，1951.

44. Andre Lefevere：*Translation*，*Rewriting*，*and the Manipulation of Literary*

Fame, London and New York: Routledge, 1992.

45. Lawrence Venuti: *The Translator's Invisibility: A History of Translation*, London: Routledge, 1995.

46. Wolosky, S. *The Art of Poetry: How to Read a Poem*, New York: Oxford University Press, 2001.

47. ［美］阿恩海姆:《艺术与视知觉》，滕守尧等译，中国社会科学出版社 1984 年版。

48. 艾青:《诗论》，人民文学出版社 1980 年版。

49. ［英］彼德·琼斯:《意象派诗选》，裘小龙译，漓江出版社 1986 年版。

50. ［美］布洛克:《美学新解》，滕守尧译，辽宁人民出版社 1987 年版。

51. 曹俊峰:《康德美学引论》，天津教育出版社 2001 年版。

52. ［俄］车尔尼雪夫斯基:《生活与美学》，周扬译，人民文学出版社 1962 年版。

53. 陈福康:《中国译学理论史稿》，上海外语教育出版社 1992 年版。

54. 陈良运:《中国诗学体系论》，中国社会科学出版社 1992 年版。

55. 陈铭:《意与境——中国古典诗词美学三昧》，浙江大学出版社 2001 年版。

56. 陈望衡:《当代美学原理》，武汉大学出版社 2007 年版。

57. 陈卫:《闻一多诗学论》，广西师范大学出版社 2000 年版。

58. 陈植锷:《诗歌意象论》，中国社会科学出版社 1990 年版。

59. 程抱一:《中国诗画语言研究》，涂卫群译，江苏人民出版社 2006 年版。

60. 董明:《翻译：创造性叛逆》，中央编译出版社 2006 年版。

61. 邓新华:《中国古代诗学解释学研究》，中国社会科学出版社 2008 年版。

62. 杜黎均:《二十四诗品译注评析》，北京出版社 1988 年版。

63. ［美］杜·舒尔茨:《现代心理学史》，杨立能等译，人民教育出版社 1981 年版。

64. 冯玉律:《词语的文化内涵与翻译》，载《外国语》1993 年第 1 期。

65. 冯玉律：《诗歌翻译中的关键词与文本语义场》，载《外国语》1997年第4期。

66. 冯玉律：《“不到位”、“错位”和“越位”》，载《外语学刊》1993年第6期。

67. 傅敏：《傅雷谈翻译》，当代世界出版社2005年版。

68. 顾祖钊：《文学原理新释》，人民文学出版社2000年版。

69. 郭建中：《当代美国翻译理论》，湖北教育出版社1999年版。

70. 何文焕：《历代诗话 》（上），中华书局1981年版。

71. 侯健：《文学通论》，北京大学出版社1986年版。

72. ［苏联］加切奇拉泽：《文学翻译与文学交流》，蔡毅等译，中国对外翻译出版公司1987年版。

73. ［美］库尔特·考夫卡：《格式塔心理学原理》（上册），黎炜译，浙江教育出版社1997版。

74. ［英］特伦斯·霍克斯：《结构主义和符号学》，瞿铁鹏译，上海译文出版社1987版。

75. 胡有清：《文艺学论纲》，南京大学出版社1992年版。

76. 胡家祥：《文艺的心理阐释》，武汉大学出版社2005年版。

77. 蒋孔阳：《唐诗的审美特征》，载《文史知识》1985年第10期。

78. 雷淑娟：《文学语言美学修辞》，学林出版社2004年版。

79. 李浪：《文艺心理学》，吉林文史出版社2006年版。

80. 黎志敏：《诗学构建：形式与意象》，人民出版社2008年版。

81. 廖七一：《胡适诗歌翻译研究》，清华大学出版社2006年版。

82. 廖七一：《当代西方翻译理论探索》，译林出版社2002年版。

83. 廖七一：《当代英国翻译理论》，湖北教育出版社2004年版。

84. 梁一儒等：《中国人审美心理研究》，山东人民出版社2002年版。

85. 刘守兰：《英美名诗解读》，上海外语教育出版社2003年版。

86. 刘重德：《西方译论研究》，中国对外翻译出版公司2003年版。

87. 罗根泽：《中国文学批评史 》（二），上海古籍出版社1984年版。

88. 刘禾：《跨语际实践——文学、民族文化语被译介的现代性》，宋伟杰等译，三联书店2002版。

89. 刘宓庆：《当代翻译理论》，中国对外翻译出版公司 1999 年版。

90. 刘宓庆：《文化翻译论纲》，湖北教育出版社 2005 年版。

91. 刘宓庆：《中西翻译思想比较研究》，中国对外翻译出版公司 2005 年版。

92. 刘宓庆：《翻译美学导论》，中国对外翻译出版公司 2005 年版。

93. 罗新璋：《翻译论集》，商务印书馆 1984 年版。

94. 敏泽：《钱钟书先生谈"意象"》，载《文学遗产》2000 年第 2 期。

95. 彭予：《20 世纪美国诗歌——从庞德到罗伯特 · 布莱》，河南大学出版社 1995 年版。

96. 钱钟书：《七缀集》，上海古籍出版社 1994 年版。

97. 钱钟书：《谈艺录》，中华书局 1984 年版。

98. 邱紫华：《东方美学史》，商务印书馆 2003 年版。

99. ［瑞士］荣格：《心理学与文学》，冯川、苏克译，三联书店 1987 年版。

100. 邵毅平：《诗歌智慧的水珠》，复旦大学出版社 2008 年版。

101. 松浦友久：《唐诗语汇意象论》，中华书局 1992 版。

102. 孙绍振：《美的结构》，人民文学出版社 1988 版。

103. 孙耀煜：《文学理论教程》，人民文学出版社 1991 版。

104. ［美］苏珊 · 朗格：《艺术问题》，滕守尧译，中国社会科学出版社 1983 年版。

105. 谭载喜：《西方翻译简史》，商务印书馆 2004 年版。

106. 陶文鹏：《唐宋诗美学与艺术论》，南开大学出版社 2003 年版。

107. 童庆炳：《艺术创作与审美心理》，百花文艺出版社 1990 年版。

108. 童庆炳：《文学理论教程》，高等教育出版社 1992 年版。

109. 童庆炳：《中国古代心理诗学与美学》，中华书局 1992 年版。

110. 王国维：《人间词话新注》，齐鲁书社 1986 年版。

111. 王宁：《文化翻译与经典阐释》，中华书局 2006 年版。

112. 王佐良：《王佐良文集》，外语教学与研究出版社 1997 年版。

113. 王臻：《先例现象与仿拟之别》，载《解放军外国语学院学报》2004 年第 6 期。

114. 汪裕雄:《审美意象学》，辽宁教育出版社 1993 年版。

115. 汪裕雄:《意象探源》，安徽教育出版社 1996 年版。

116. 吴克礼:《俄苏翻译理论流派述评》，上海外语教育出版社 2006 年版。

117. 吴晓:《意象符号与情感空间——诗学新解》，中国社会科学出版社 1990 年版。

118. 夏之放:《文学意象论》，汕头大学出版社 1993 年版。

119. 萧涤非等:《唐诗鉴赏辞典》，上海辞书出版社 1983 年版。

120. 萧华荣:《中国古典诗学理论史》，华东师范大学出版社 2005 年版。

121. 谢天振:《翻译研究新视野》，青岛出版社 2003 年版。

122. 谢天振:《译介学》，上海外语教育出版社 1999 年版。

123. 谢天振:《翻译的理论建构与文化透视》，上海外语教育出版社 2003 年版。

124. 许钧:《译道寻踪》，文心出版社 2005 年版。

125. 许钧:《生命之轻与翻译之重》，文化艺术出版社 2007 年版。

126. 许钧:《当代法国翻译理论》，湖北教育出版社 2001 年版。

127. 许龙:《钱钟书诗学思想研究》，中国社会科学出版社 2006 年版。

128. 徐培均等:《诗词曲名句辞典》，汉语大词典出版社 1996 年版。

129. 徐有富:《诗学原理》，北京大学出版社 2007 年版。

130. 薛富兴:《东方神韵——意境论》，人民文学出版社 2000 年版。

131. 杨文虎:《艺术思维和创作的发生》，上海学林出版社 1998 年版。

132. 叶维廉:《中国诗学》，人民文学出版社 2006 年版。

133. 叶维廉:《寻求跨中西文化的共同文学规律》，北京大学出版社 1987 年版。

134. 叶燮:《原诗》，人民文学出版社 1979 年版。

135. 殷国明:《20 世纪中西文艺理论交流史论》，华东师范大学出版社 1999 年版。

136. 余光中:《余光中谈翻译》，中国对外翻译出版公司 2000 年版。

137. 袁行霈:《中国诗歌艺术研究》，北京大学出版社 1987 年版。

138. 张颢瀚:《古诗词赋观止》，南京大学出版社 1998 年版。

139. 张蓉：《中国诗学史话——诗学义理识鉴》，西安交通大学出版社2004年版。

140. 赵毅衡:《新批评》，中国社科出版社1986年版。

141. 赵毅衡:《诗神远游——中国诗如何改变了美国现代诗》，上海译文出版社2003年版。

142. 钟文:《诗美艺术》，四川人民出版社1984年版。

143. 周振甫:《文心雕龙今释》，中华书局1986年版。

144. 朱光潜:《西方美学史》，中国长安出版社2007年版。

145. 朱光潜:《我与文学及其他》，广西师范大学出版社2004年版。

146. 朱光潜:《谈文学》，广西师范大学出版社2004年版。

147. 朱光潜:《谈美》，广西师范大学出版社2004年版。

148. 朱光潜:《诗论》，广西师范大学出版社2004年版。

149. 朱光潜:《文艺心理学》，复旦大学出版社2005年版。

150. 朱光潜:《无言之美》，北京大学出版社2005年版。

151. 朱光潜:《朱光潜美学文学论文选集》，湖南人民出版社1980年版。

152. 朱自清:《诗言志辨》，广西师范大学出版社2004年版。

153. 朱立元:《当代西方文艺理论》，华东师范大学出版社2005年版。

154. 宗白华:《艺境》，北京大学出版社1999年版。

155. 宗白华:《美学散步》，上海人民出版社1981年版。

责任编辑:崔继新
整体设计:肖　辉

**图书在版编目(CIP)数据**

意象转换视域下的中国古典诗词俄译研究/童丹 著.
-北京:人民出版社,2011.10
(青年学术丛书)
ISBN 978-7-01-010235-1

Ⅰ.①意…　Ⅱ.①童…　Ⅲ.①古典诗歌-中国-俄语-文学翻译-研究
Ⅳ.①H355.9 ②I207.2

中国版本图书馆 CIP 数据核字(2011)第 186769 号

**意象转换视域下的中国古典诗词俄译研究**
YIXIANGZHUANHUAN SHIYUXIA DE ZHONGGUOGUDIANSHICI EYIYANJIU

童　丹　著

人民出版社 出版发行
(100706　北京朝阳门内大街 166 号)

北京市文林印务有限公司印刷　　新华书店经销

2011 年 10 月第 1 版　2011 年 10 月北京第 1 次印刷
开本:710 毫米×1000 毫米 1/16　印张:15.5
字数:251 千字

ISBN 978-7-01-010235-1　定价:39.00 元

邮购地址 100706　北京朝阳门内大街 166 号
人民东方图书销售中心　电话 (010)65250042　65289539